T0019949

Mi vida
entre recetas

Gaby Spanic

Mi vida entre recetas

Gaby Spanic

LAROUSSE

Dirección editorial:	Tomás García Cerezo
Editora responsable:	Verónica Rico Mar
Coordinación de contenidos:	Gustavo Romero Ramírez
Asistencia editorial:	Mayra Pérez Cuautle, Alejandro Mendoza Chávez
Fotografía:	Alex Vera FotoGastronómica®
Estilismo:	Departamento de Gastronomía de Ediciones Larousse / Gaby Spanic
Diseño y formación:	Visión Tipográfica Editores S.A. de C.V. / Rossana Treviño Tobías
Adaptación de textos:	Rosa Luisa Guerra Vargas
Corrección de formato:	Evelín Ferrer Rivera
Portada:	Ediciones Larousse con la colaboración de Nice Montaño Kunze
Imágenes complementarias:	Shutterstock.com

*Agradecemos a Cantinetta del Becco por las facilidades otorgadas para la toma de fotografía de portada.

Primera edición

© 2016, Ediciones Larousse, S.A. de C.V.

Renacimiento 180, Colonia San Juan Tlihuaca, Delegación Azcapotzalco, C.P. 02400, Ciudad de México

ISBN: 978-607-21-1587-3

Todos los derechos reservados conforme a la ley.

Queda estrictamente prohibida su reproducción por cualquier medio mecánico o electrónico conocido y por conocerse, sin la autorización escrita del titular de copyright. Las características de esta edición, así como su contenido, son propiedad de Ediciones Larousse, S.A. de C.V.

Larousse y el logotipo Larousse, son marcas registradas de Larousse S.A.

21 rue du Montparnasse, 75298 Paris Cedex 06.

www.larousse.com.mx

Impreso por Grupo Infagón

Escobilleria N. 3 Col. Paseos de Churubusco Del. Iztapalapa.

Una historia personal a través de la cocina

La cocina es una práctica que se adquiere y se perfecciona, como todo saber manual, ejecutándola. Eso es lo que Gaby Spanic ha hecho durante mucho tiempo desde lo íntimo de su historia personal. Esta artista venezolana de talla internacional, protagonista de varias telenovelas con reciente incursión en el teatro, se ha dado el tiempo de crear sus propios platillos de acuerdo con sus gustos, a la par que otros inspirados en la tradición culinaria de los países a los cuales les tiene un cariño especial: Croacia, Venezuela y México.

Venezolana de abuelos croatas, radicando en México desde hace varios años, Gaby Spanic nos muestra en este libro que cocinar no es un privilegio que sólo deban poseer los que profesionalmente se dedican a ella. Desde lo profundo de sus vivencias, como quien comparte con queridas amistades las cosas bellas que a todos nos suceden, nos ofrece generosamente entre líneas e ingredientes su pasión por la cocina, su historia de éxitos y alegrías y más de ochenta creaciones culinarias; pero también, experiencias que le han ayudado a crecer personalmente, a aferrarse por encima de todo a sus sueños y a vivir intensamente cada día a pesar de los obstáculos. Hallará a lo largo de las seis secciones del libro textos escritos por ella en donde revive sus recuerdos del pequeño poblado que la vio crecer, la herencia de sabores de su abuela y madre, su paso exitoso a través del modelaje y la televisión, sus versiones de algunos platillos mexicanos —por-

que como ella expresa, a todo lo que cocina le encanta ponerle su toque personal—, así como algunos de los atractivos de Croacia, Venezuela y México. La fotografía no podía quedar fuera de este libro, la cual lo ilustra por completo con antojables platillos, decenas de imágenes de su infancia, juventud y actualidad, e incluso, instantáneas de ella preparando sus recetas en la cocina de su hogar. Para Larousse, Gaby Spanic es una muestra de que la historia culinaria personal es fundamental cuando vivimos momentos de dicha, pero también cuando necesitamos coraje para atravesar situaciones difíciles. Asimismo, de que cada quien puede expresar el cariño a sus seres queridos siendo artífices de sabores deliciosos, haciendo de esta actividad un disfrute o un remanso en momentos turbulentos.

Estamos convencidos de que la cocina es una actividad que cualquiera puede gozar y poner en práctica. Que este libro, testimonio de vida y pasión culinaria de Gaby Spanic, se convierta en el medio ideal para que disfrute de la lectura de las vivencias de esta personalidad artística, así como el aliciente para que incursione en la elaboración de preparaciones con el toque de la autora. O por qué no, la chispa que encienda su capacidad de experimentación culinaria al cambiar uno que otro ingrediente o proceso de las recetas para añadirle su sello personal. Porque al final, como Gaby nos lo demuestra, la cocina es de todos y para todos.

Los Editores

Mi libro de cocina

Lo primero que me pasa por la mente después de ver plasmadas mis recetas en un libro de cocina, es mi niñez. Recuerdos de cómo, sin saberlo plenamente, gozaba cocinar y ser anfitriona. Me daba mucha felicidad reunirme en familia o con amigos donde la comida era el gran pretexto para convivir y comentar las recetas de cada quien alrededor del fogón de leña, del horno o en la cocina. Recuerdo bien con qué felicidad nos acoplábamos en el río a picar verduras y descamar pescados frescos sacados del río por mi padre Casimiro o mi madre Norma. Es una vivencia que aún tengo muy presente.

Desde niña ayudaba a mis padres a cocinar sin importar el lugar, siempre y cuando estuviéramos juntos. Era muy preguntona sobre las plantas comestibles y para qué servían; así, iba mezclando todo lo que se me ocurriera, hacía mis experimentos y muchos me quedaban bien. Fuimos una familia que disfrutaba de la buena comida preparada en casa aderezada con inolvidables experiencias. Con ellos aprendí mucho, ¡les agradezco por enseñarme tanto de la vida y de la cocina!

Muchos de ustedes me ven como la actriz de las telenovelas, así que se preguntarán: ¿las actrices cocinan? Pues vaya que yo sí, ¡es cierto! Esta Usurpadora no actúa en la cocina, pues allí no tiene libretos, pero cocina como parte de su vida real. Me da mucha alegría que esta realidad se haya plasmado en un libro gracias a Larousse.

La forma en la cual llegué a esta casa editorial es digna de contarse. Un día platicando con Luis del Villar, amigo de toda la vida, me dijo que por qué no escribía un libro de cocina. Mi respuesta inmediata fue: ¡Ay, cómo crees! Esos libros tan bellos, son para chefs y yo no lo soy. Cierto es que me fascina cocinar, pero hasta allí no llego. Sólo soy una cocinera que guisa con el alma. Villar me contestó: ¡pues por eso mismo! A todos nos gusta tu comida, y las recetas que has creado son muy buenas. Vaya que me quedé pensando en el tema… Luisito del Villar me dijo que él podía presentarme con alguien del mundo de la edición, y así comenzó todo. Cuando me entrevisté con la bella familia de Larousse estaba muy emocionada. Les juro que estaba como una niña que sueña con tener su propio libro de cocina. A partir de allí la experiencia ha sido espectacular, desde escribir las recetas y las anécdotas, cocinar con el equipo de Gastronomía de Larousse en mi casa, con ellos en la editorial, hacer una portada diferente, en fin… toda la vivencia ha sido inolvidable. No tengo palabras para agradecer que hayan depositado en mí tanta confianza. ¡Los aprecio y estimo mucho!

Este libro significa para mí un gran logro como amante de la cocina. En mi vida diaria disfruto de ir al supermercado o al mercado a comprar ingredientes, limpiarlos, cocinarlos y ofrecer mis creaciones a mi familia y amigos. Tengo 18 años en México, yendo y viniendo de un país a otro, pero lo sigo amando con toda mi alma porque es un país maravillo donde la gente es rica de corazón. Así que quiero ofrecerles este libro así, de corazón, porque fue hecho con el mío y con el de todo el entrañable equipo editorial de Larousse. Sabrán muchos secretos, no sólo de cocina, sino de mí, que como todo ser humano, tengo defectos y virtudes.

La vida para mí es tan variada como la dieta personal, de acuerdo con la etapa que estemos viviendo: triste, alegre, nutritiva, grasosa, blanda, sólida, picante, insípida, con amor o desilusion, de fracasos, de logros… en fin, una gran degustación de buenos sabores y sinsabores de los cuales tenemos que aprender. Por ejemplo, mi hijo, Gabriel de Jesús, es una gran bendición que llegó a mi vida. Cada día me siento más y más orgullosa de él, así como de sus ocurrencias, bondad, entusiasmo y gran corazón. Agradezco todos los días por tener un hijo tan maravilloso. Gracias a él sigo adelante, y hoy él me acompaña a cocinar e inventa sus propias recetas, tal como yo lo hice con mis padres cuando niña. Bueno, más bien yo soy como su ayudante, y me encanta.

No hay que privarse de probar los manjares de la vida, misma que tiene sólo un contrato. Lo poco o mucho que he aprendido es que hay que darnos nuestros gustos. No es cuestión de no cuidarse, pero si somos esclavos de las dietas, nunca

ganaremos la partida. Lo más importante para mí es ser felices. ¡Barriga llena, corazón contento! Por tanto, disfruten estas recetas tanto como yo.

Finalmente, quiero agradecer a todos los que me han acompañado, apoyado y, por supuesto, degustado mi comida. Estar rodeado de gente que me quiere, familia, amigos y fans, hacen bello el camino de la vida. Todos los días doy gracias al Señor porque soy una mujer privilegiada en todos los sentidos. Así que buena actitud y siempre hacia adelante. Gracias mi gente bella. ¡Muaks!

Gaby Spanic

Fotografía: Alex Vera FotoGastronómica®

Sumario

Croacia

Algo de mis orígenes

Split es maravilloso, ¿no creen?

Las islas del Archipiélago Dubrovnik son tan bellas.

La sangre es lo que me une a este país balcánico, desde donde migraron mis abuelos paternos. Este hermoso territorio comparte su herencia con países vecinos como Eslovenia, Bosnia-Hersegovina o Hungría, y recorrerlo es una auténtica aventura. Ya sea que visites el Palacio Diocleciano de Split o el Anfiteatro en Pula, sin olvidar las bellezas naturales como el Parque Nacional, los Lagos de Plitvije o el archipiélago de Kornati, que cuenta con 89 islas, recorrerlo es una experiencia inolvidable, y más por ser un país al que le tengo mucho cariño.

Al formar parte de la región mediterránea, en Croacia el clima invita a disfrutar el verano con una copa de vino proveniente de las regiones de Istria, Eslavonia o Medimurje, descansando en alguna de las tantas playas ubicadas a lo largo de la costa del mar Adriático, comiendo deliciosos pescados y mariscos, ¡simplemente te encantarán!

Zagreb, la capital de Croacia, es una ciudad que te encantará. La gente es amable, le gusta ir sin prisas y disfrutar de un café en alguna de las tantas terrazas que abundan en la ciudad, mismo que

El tradicional soparnik entre cenizas.

Aquí, Split desde la bahía.

puedes acompañar con alguna delicia dulce de las panaderías clásicas de Zagreb. Cuando la recorras, te enamorarás de la Ciudad Alta, la parte más antigua de capital croata; aquí encontrarás hermosos edificios, iglesias, parques y callecitas con mucho encanto, como la plaza Markov, donde se encuentra la iglesia de San Marcos, el edificio del Parlamento y el palacio presidencial. ¡No olvides llevar memoria en tu cámara para todas las fotos que querrás tomar!

Una parte de la ciudad que es especialmente hermosa es el mercado de Zagreb, ubicado al norte de Trg Josip Jelacica. Aquí se dan cita comerciantes de todas las regiones del país, para ofrecer carne, lácteos, miel, frutas, verduras, pescados, adornos y flores. Es una verdadera delicia recorrerlo y, sobre todo, probar lo que venden ahí.

La herencia del imperio otomano se aprecia en la comida croata; por ejemplo, en este libro incluyo mi versión de la sarma, un platillo que se come en países como Bulgaria, Turquía, Serbia y Macedonia. La versión croata se parece a la serbia, en donde se forman rollos con hojas de col rellenas con carne molida, arroz y especias; la diferencia es que en Croacia se prepara también con carne de res ahumada, y hay variaciones regionales como la de las montañas de Dalmacia, en la que no se incluye arroz y la carne se corta en cubos. Este platillo suele estar presente en las cenas de Año Nuevo y en fiestas como bodas. Sin importar dónde y en qué ocasión comas estas diferentes versiones de sarmas, todas son deliciosas.

Si algo me gusta de la cocina croata es que forma parte de la dieta mediterránea, que ha sido inscrita en la Lista Representativa del Patrimonio Cul-

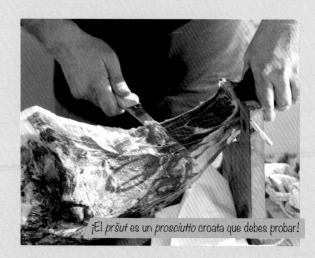

¡El *pršut* es un *prosciutto* croata que debes probar!

Zagreb es una ciudad como salida de un cuento mágico.

tural Inmaterial de la Humanidad por la UNESCO, junto con Chipre, España, Grecia, Italia, Marruecos y Portugal. Por eso, al buscar recetas de aquel país para el libro, incluí mi versión del soparnik, un platillo fácil de preparar y muy nutritivo, que además está protegido por la Unión Europea con el sello de Indicación Geográfica Protegida, además de haber sido declarado Patrimonio Cultural Intangible de Croacia por el Ministerio de Cultura. Me gusta este platillo porque también tiene una rica historia; se cree que este pay salado relleno de acelga tuvo su origen hace siglos en la actual región croata de Omiš y se considera el prototipo de la pizza italiana, que fue llevado hacia Italia por los romanos. Tradicionalmente, la masa del soparnik se prepara con harina de trigo, agua y sal; para el relleno se utiliza acelga, cebolla morada, aceite de oliva, ajo y sal. Una vez que se ha armado el disco de masa, se coloca sobre una superficie de piedra o madera llamada komin para luego cubrir el soparnik con brasas. Una vez cocido el gran disco, se vierte aceite de oliva encima y comúnmente se porciona en rombos.

Junto con el soparnik existen otros alimentos de Croacia que cuentan con la protección de la Unión Europea: el aceite de oliva de la isla Krk; guajolotes de la raza croata Zagorje; prosciutto de Drniš, Krk, Istria y Dalmacia; aceite de oliva virgen extra de Cres; mandarinas de Neretva; col agria de Ogulin; salchicha de Baranja y papas de Lika.

Sin duda, Croacia es un país con tanto por descubrir, probar y dejarse maravillar, que lo recomiendo como destino cuando me piden consejos sobre a dónde ir de vacaciones. ¡Croacia tiene todo para que lo disfrutes al máximo!

Vino, aceite de oliva y buen clima en la isla Krk.

Experiencia madrugadora

Mi infancia en Venezuela a los 8 años.

En 1982, el hambre como solía hacerlo a mitad de la noche, me despertó y me llevó a prepararme un bocadillo. Mientras lo hacía, gritos y extraños ruidos me llegaban desde fuera. De pronto, mis pies estaban cubiertos de agua que seguía ascendiendo. ¡No me movía! Fui incapaz de dar el grito de alarma. Fue mi madre quien nos rescató a todos. Nos guió para cruzar por un inestable puente, nos sostuvo mientras flotábamos a su alrededor y, sobre todo, me rescató cuando me resbalé; estuve a nada ser llevaba por las tumultuosas aguas…

Ese recuerdo es uno de los más estremecedores y, por tanto, imborrables de mi infancia. A pesar del miedo que aún me despierta, me gusta porque destaca dos aspectos por los que comparto la comida y mis recetas: que preparar, comer y compartir los alimentos siempre ha sido fundamental en mi vida y, el más importante, que la fuerza de mi madre y el amor de la familia son más poderosos que cualquier tempestad que se abata sobre mí.

Ahora sí, les cuento más de mí. Obviamente, mi apellido Spanic siempre despierta la pregunta, ¿de dónde es? Pues de muy lejos, ya que mis abuelos paternos se conocieron en un campo de refugiados

¡Pequeñita! Cuando tenía 1 año de vida.

Con mi abuela paterna, Helena, y mi gemela Daniela.

> **Mi abuela tenía en su alma cicatrices más profundas por sus hijos.**

A los 8 años, en casa.

en Austria justo al terminar la Segunda Guerra Mundial. Tanto mi abuelo Antonio Spanic como mi abuela Helen Radecic habían perdido a sus parejas y familias durante la confrontación en Croacia. Incluso mi abuelo perdió una pierna y usaba una de palo y mi abuela tenía una cicatriz en la frente que le dejó una bala que pudo haberle destrozado la cara y costado la vida. Pero más allá de lo visible, mi abuela tenía en su alma cicatrices más profundas por los hijos y familia que le arrebataron en una de las contiendas más espeluznantes vividas por la humanidad.

Tanto mi abuelo como mi abuela lograron sobreponerse para encontrar en su unión la fuerza para salir adelante y emprender una nueva vida en un lugar muy lejano del que les vio nacer y sufrir tanto. La verdad es que fueron muy valientes porque no sólo se trataba de un lugar del que quizá ni siquiera habían oído hablar antes de la guerra, sino que no sabían ni el idioma.

Sin embargo, con mucha ilusión de una nueva vida, en 1947 se embarcaron para emigrar a Venezuela con mi tío Yury Spanic Radecic. Mi abuela estaba embarazada de mi padre Kresimir o Casimiro, en español. Años después, completaron la familia mis tías María, Magda y Rosa.

La verdad es que yo no conocí a mi abuelo Antonio, quiero decir, no lo conocí físicamente porque murió justo un día antes de que mi hermana y yo naciéramos; pero sí lo conocí gracias a las conversaciones con mi abuela, mis tíos y mi mamá. Mi abuela Helena sí vivió muchos años más. Fue una mujer valiente y esforzada que sacó adelante a su familia trabajando en el campo y lavando ajeno, pero siempre con una enorme alegría. Padeció arterioesclerosis y ése fue su último reto, y en realidad de toda la familia, porque al final casi no reconocía a nadie. Yo prefiero no recordar esos últimos momentos sino todos los felices de antes, como cuando nos consentía con mil detalles, entre ellos, sus exquisitos panes de manzana; si cierro los ojos puedo hasta olerlos.

Una vez que llegaron a Venezuela, la familia se instaló en Ortiz, en el Estado Guárico, un pueblo hermoso al cual el famoso escritor Miguel Otero Silva llamó la "Rosa de los llanos venezolanos" en su conocida novela *Casas muertas*. Es un pueblo con muchas historias y leyendas.

La familia de mi mamá, Norma Utrera, era originaria de Miranda, pero tenían una propiedad ahí que visitaban de vez en cuando, pues eran cazadores. Les gustaba tanto el lugar que decidieron establecerse ahí. Mi mamá es la mayor de once hijos y le tocó ser responsable de sus hermanos, así ayudaba a mi abuela, quien era costurera, cuya clientela eran las mujeres más distinguidas de la región. En Ortiz se instalaron en una casa muy grande y antigua, pues se remonta a la época de Simón Bolívar.

> Mi abuela Helena fue una mujer valiente y esforzada que sacó adelante a su familia.

En Maracaibo con mis padres, mi gemela y mi hermano.

Mi papá era conocido en Ortiz como el "catire", o como se dice acá, el güero, por su origen croata. Además, era muy coqueto y todas las mujeres morían por él. Mi mamá, por su parte, era conocida como "las piernas más bellas del pueblo", así que mi papá se propuso que esas piernas fueran suyas. Ella se hizo la difícil, como correspondía a una mujer de valía, aunque finalmente se casaron. De su unión nacimos, en este orden, Antonio; Daniela, mi gemela, y yo; y mi hermana menor, Patricia.

Aunque vivimos un tiempo en Maracaibo, regresamos a Ortiz, donde pudimos construir nuestra vivienda. Se trataba de una zona que fue ocupada con cierto desorden por muchas familias, y que el gobierno finalmente puso en orden, haciendo las calles y llevando luz, agua y drenaje, así como la construcción básica.

Al principio sólo tenía dos habitaciones y un baño. Obvio, que para seis personas no era suficiente, pero era un inicio, un muy buen inicio. Todos estábamos dispuestos a trabajar por mejorarla, porque nunca nos ha espantado el trabajo.

Nosotros pusimos los cristales de las ventanas, la pintamos y la arreglamos, con toda la ilusión del

La abuela Helena, matriarca de la familia.

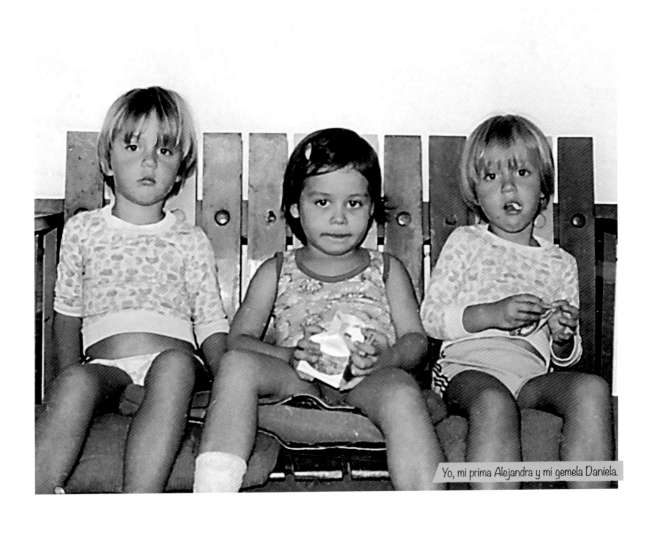

Yo, mi prima Alejandra y mi gemela Daniela.

Mi mamá es la mayor de once hijos y le tocó ser responsable de sus hermanos.

Con Dany, mi gemela.

mundo. A mi hermana gemela Daniela y a mí nos tocó derretir una vela grande con kerosén para curar el piso. Con trapos enrollados en los pies nos deslizábamos por todo el espacio como si tuviéramos patines. Como habíamos trabajado tanto en esa casa, sufrimos un gran impacto cuando la inundación de la que hablé al principio, casi la destruye.

Después de ese acontecimiento, otra vez, cada quien puso de su parte para que nuestro hogar fuera bonito y funcional. Con el tiempo y el esfuerzo la casa llegó a tener cinco habitaciones y dos baños, un jardín y un pequeño huerto. Mi familia se consolidó, lo mismo que la casa, como una unión feliz y fuerte.

Aunque de pequeña padecí las enfermedades propias de la infancia, y mi familia tuvo algunos problemas económicos, la verdad es que tuve una infancia feliz. Cuando era niña no veía los problemas graves porque entre todos buscábamos la manera de salir adelante y siempre había risas garantizadas cuando estábamos juntos los hermanos.

Mi tierra natal es un lugar de grandes recuerdos. El amor es mutuo, pues he recibido distinciones como Orden al Mérito en Primera Clase de la Alcaldía de Ortiz, Estado Guárico; Orden al Mérito en Primera Clase de la Alcaldía de San Juan de los Moros y la Orden al Mérito de las Fuerzas Arma-

> Cada quien puso de su parte para que nuestro hogar fuera bonito y funcional.

das del Estado Guárico. Esas distinciones me llenan de orgullo, pero lo que me llena el corazón es
el amor de mis compatriotas que merecen un futuro mejor.

Mi tierra natal es un lugar
de grandes recuerdos.

En el primer año de primara, ¡qué lindo recuerdo!

VENEZUELA
Mapa Físico

GRUPO ESCOLAR
"JUAN GERMAN ROSCIO"
RECUERDO DE MÍ: ᴬGRADO
25/6/831/

Huevo al plato

Ingredientes para 8 porciones

mantequilla para engrasar

8 huevos

250 g de jamón de pavo
en rebanadas gruesas
cortadas en cubos

250 g de queso Cotija rallado

Procedimiento

1. Engrasa con mantequilla un refractario que quepa en el horno de microondas.
2. Rompe 4 huevos y, sin batirlos, colócalos en el refractario, luego distribuye sobre éstos los cubos de jamón de pavo y finaliza poniendo encima los 4 huevos restantes. Espolvorea el queso Cotija y cubre el refractario con plástico autoadherente. Introduce el refractario al microondas y cocínalo durante 15 minutos. Saca el refractario del microondas y déjalo enfriar; vuélvelo a introducir al horno y cocínalo durante 10 minutos más.
3. Porciona la preparación como si fuera un pastel y sirve.

Acompaña estos huevos con Salsa pomodoro (ver pág. 30) o con verduras asadas, tortillas de maíz o de harina de trigo, frijoles refritos o arepas fritas.

Soparnik a mi manera

El soparnik es una especialidad croata similar a un pay gigante relleno de acelgas y horneado directamente en las brasas. Tiene mucho ajo, aceite de oliva, sal y pimienta. Esta versión es una adaptación casera a pequeñas empanadas, horneadas y con más ingredientes.

Ingredientes para 12 empanadas

RELLENO

2 cucharadas de aceite de coco
   o de aceite de maíz

3 dientes de ajo rallados

1 tallo de apio picado finamente

1 pimiento verde, sin rabo semilla ni venas,
   cortado en tiras finas

½ taza de granos de elote de lata

12 aceitunas verdes sin semilla, picadas

las hojas de 10 cebollas cambray cortadas
   finamente

250 g de queso *ricotta*

10 hojas grandes de acelga sin tallo
   y picadas finamente

3 tazas de espinacas *baby* picadas
   finamente

sal y pimienta al gusto

MASA

500 g de harina de trigo

1 huevo

½ cucharadita de sal

4 cucharadas de mantequilla fundida
   en ¾ de taza de agua

EMPANADAS

harina para extender la masa

2 yemas

Procedimiento

RELLENO

1. Saltea el ajo, el apio y el pimiento en el aceite de coco durante 2 minutos. Añade los granos de elote y las aceitunas y saltea la preparación durante 2 minutos más. Retírala del fuego, incorpórale los tallos de cebolla, el queso *ricotta*, las acelgas, las espinacas y sal y pimienta al gusto. Reserva el relleno.

MASA

1. Coloca la harina en forma de volcán en una superficie de trabajo, hazle un orificio en el centro y vierte ahí el huevo y la sal; mezcla ambos. Integra poco a poco la harina al huevo y comienza a amasar la preparación hasta que obtengas una consistencia uniforme.

2. Sin dejar de amasar, integra poco a poco a la masa la mantequilla con agua hasta que esté suave. Cúbrela con una tela húmeda y caliente y déjala reposar durante 30 minutos.

EMPANADAS

1. Precalienta el horno a 180 °C.

2. Estira la masa con un rodillo en una superficie enharinada hasta que tenga ½ centímetro de grosor. Corta discos de 15 centímetros de diámetro aproximadamente y coloca en cada uno 2 cucharadas del relleno. Cierra los discos en forma de empanada y repulga el borde de cada una. Colócalas en charolas para hornear.

3. Bate ligeramente las yemas y barniza con ellas las empanadas. Hornéalas entre 20 y 25 minutos. Sácalas del horno y sírvelas.

Acompaña estas empanadas con una ensalada de alubias cocidas, cilantro y cebolla morada picados, aderezada con vinagre de sidra o de manzana y aceite de oliva. Decórala con unas hojas de salvia para darle un olor y sabor espectacular.

Empanadas don Amado

El nombre de estas empanadas es en honor al señor Amado, a quien siempre le compraba empanadas cuando estaba en la secundaria. Las comía a la hora del recreo con Ángel, el primer amor de mi vida, que lamentablemente falleció. Recuerdo que don Amado siempre nos guardaba empanadas de carne mechada, nuestras favoritas; a esta carne en México se le llama carne deshebrada.

Ingredientes para 6-8 empanadas

MASA

1½ tazas de agua + cantidad suficiente

1 cucharada de azúcar

1 cucharadita de sal

1 kg de harina de maíz blanco refinada, precocida

RELLENO

1 cucharada de aceite de oliva o de maíz

½ cebolla blanca picada finamente

4 dientes de ajo rallados

500 g de carne de res cocida y deshebrada

1 cucharada de azúcar

1 cucharada de vinagre de manzana

200 g de puré de tomate

2 cucharadas de pasta comercial de jitomate

2 cucharadas de salsa cátsup

1 cucharada de mostaza tipo americana

¼ de taza de agua

2 hojas de laurel

sal al gusto

ARMADO

aceite para freír y para barnizar

Procedimiento

MASA

1. Mezcla en un tazón las 1½ tazas de agua con el azúcar y la sal y mézclala poco a poco con la harina de maíz. Deberás obtener una masa suave que no se pegue en las manos, de lo contrario, añade más agua. Resérvala.

RELLENO

1. Coloca sobre el fuego un sartén con el aceite; cuando esté caliente, sofríe en él la cebolla y el ajo hasta que se doren ligeramente. Añade la carne deshebrada, el azúcar, el vinagre y sal al gusto; deja que la preparación se cocine durante algunos minutos.

2. Añade el puré y la pasta de jitomate, la salsa cátsup, la mostaza, el agua y las hojas de laurel. Deja el relleno sobre el fuego hasta que casi todo el líquido se haya evaporado. Resérvalo.

ARMADO

1. Precalienta el aceite en un sartén o cacerola.

2. Barniza con un poco de aceite un trozo de plástico y colócalo sobre una superficie plana. Toma de la masa una porción del tamaño de una bola de beisbol y ruédala entre tus manos para que darle forma de esfera. Colócala sobre el centro del trozo de plástico y aplástala con tus dedos para formar un disco de un grosor de ½ centímetro aproximadamente. Ponle en el centro dos cucharadas de relleno y dobla el disco por la mitad con ayuda del plástico. Presiona el borde de la empanada y defínelo colocándole encima un plato de cereal y cortando el excedente con un cuchillo. Repite este paso con la masa y el relleno restantes.

3. Fríe las empanadas en el aceite, por tandas, hasta que estén crocantes y doradas. Déjalas escurrir sobre papel absorbente para eliminar el exceso de aceite antes de servirlas.

Estas empanadas son una delicia. Dales el primer mordisco, después añádeles dentro la salsa picante de tu elección y disfrútalas. Saben a gloria.

La harina de maíz blanco refinada precocida la consigues en algunos supermercados. Es la que se utiliza para elaborar las arepas, hallacas o empanadas de Venezuela y de otros países latinoamericanos.

Sarmas a mi estilo

Recuerdo de mi niñez que mi tía Magda siempre elaboraba esta exquisitez, a su estilo, con un sabor espectacular. En Croacia probé la versión original, y aunque diferente a la de mi tía y a la mía, les tengo un cariño especial a las tres.

Ingredientes para 4-6 porciones

SALSA

10 jitomates grandes
4 hojas de laurel
½ taza de aceite de oliva
3 dientes de ajo rallados
3 rebanadas de tocino picadas finamente
1 chuleta de cerdo cruda, picada finamente
½ taza de harina de trigo
1 cucharada de puré de tomate
1 cucharada de pasta comercial
   de jitomate
1 cucharada de azúcar
las hojas de 1 rama de salvia picadas
las hojas de 1 rama de albahaca picadas
sal y pimienta al gusto

RELLENO

500 g de carne de res molida
500 g de carne de cerdo molida
6 dientes de ajo rallados
1 pimiento rojo rallado
1 taza de arroz
½ taza de jitomate deshidratado picado
   finamente
1 huevo
1 cucharadita de páprika
1 cucharada de hierbas de Provenza
sal y pimienta al gusto

ARMADO

1 col blanca mediana
sal al gusto

Procedimiento

SALSA

1. Hierve los jitomates en suficiente agua con las hojas de laurel durante 5 minutos. Escúrrelos, sumérgelos en agua fría, retírales la piel, licúalos y reserva.
2. Fríe en una cacerola con el aceite de oliva los ajos, el tocino y la chuleta hasta que se doren; retíralos del aceite. Añade la harina a la cacerola y cocínala sin dejarla de mover hasta que se dore un poco. Agrega nuevamente a la cacerola los ajos, el tocino y la chuleta; mezcla e incorpora el jitomate molido, el puré y la pasta de jitomate, el azúcar y sal y pimienta al gusto. Deja que la salsa se cocine durante 30 minutos. Retírala del fuego, incorpórale la salvia y la albahaca y resérvela.

RELLENO

1. Mezcla las carnes molidas de res y de cerdo con el ajo rallado, el pimiento, el arroz, el jitomate deshidratado y sal y pimienta al gusto. Después, añádeles el huevo, la páprika y las hierbas de Provenza. Resérvalo.

ARMADO

1. Corta la base de la col, colócala entera en una olla grande, cúbrela con agua y añádele un poco de sal; ponla sobre el fuego y deja que hierva durante 1 hora. Retírala del agua y deja que se entibie.
2. Separa cada hoja de col con mucho cuidado para no romperlas demasiado. Corta con un cuchillo o pelapapas los surcos prominentes de cada una para que después sea más fácil enrollarlas sobre sí mismas.
3. Precalienta el horno a 150 °C.
4. Pon en el centro de una hoja de col un poco del relleno, distribúyelo a lo largo de ésta y enróllala sobre sí misma, lo más compacto que se pueda. Coloca el rollo en una cazuela de barro grande que tanga tapa. Repite este procedimiento con las hojas de col y el relleno restantes.
5. Vierte encima de los rollos la salsa, tapa la cazuela y hornéalos durante 1 hora. Sírvelos en platos soperos acompañados con bastante salsa. Son una delicia.

Elabora la salsa mientras se cuece la col. Aprovecha que es muy sencilla de preparar para hacer mucha y tenerla lista cuando la necesites. Para conservarla hasta por mes y medio, una vez fría métela a un frasco de vidrio que tenga tapa, añádele aceite de oliva generosamente y un poco de vinagre de sidra, tápala y métela al refrigerador. Así lo hago yo y siempre me saca de apuros cuando llegan invitados, pues sólo cuezo algo de pasta, le añado un poco de salsa, ¡y listo!

Ñoquis de papa a la tía Rosita

¡Los ñoquis de papa de mi tía Rosita son los mejores del mundo! Desde niña me deleité con esta exquisitez, así como con sus pastas caseras muy frescas; cada vez que nos encontramos le pido que me los prepare. Su hija Kasandra, mi prima, heredó el talento de su madre y también le quedan espectaculares. Los ñoquis son una preparación muy sencilla, conocida mundialmente y la favorita de muchos paladares. La receta que les comparto me fascina.
Pueden hacer muchos y guardarlos en bolsas resellables en el congelador, ideales para recibir visitas no planeadas.
Mi salsa pomodoro me encanta, así como la de mi tía Rosita que es estupenda. El secreto está en unos buenos jitomates y un adecuado tiempo de cocción. Si deseas variar la salsa y elaboraste en abundancia la salsa de los sarma, ¡muy bien!, porque estos ñoquis quedan deliciosos con ella.
Para variar el sabor de estos ñoquis, sustituye las papas por acelgas, espinacas o calabaza de Castilla en la misma proporción. De esta manera los elaboraban hace mucho tiempo en Lombardía; yo los he hecho y quedan buenísimos, aunque mis favoritos siempre serán los de papa. Otra opción para servir estos ñoquis que me encanta es revolverlos en la salsa, colocarlos en los platos, añadirles más salsa pomodoro y cucharadas de media crema y queso parmesano rallado. Como último toque, los decoro con hojas de albahaca fresca.

Ingredientes para 6-8 porciones

SALSA POMODORO

2 kg de jitomates tipo perita maduros pero firmes

6 cucharadas de aceite de oliva extra virgen

10 hojas de albahaca frescas

sal y pimienta negra recién molida, al gusto

ÑOQUIS

1 kg de papas

300 g de harina de trigo + cantidad suficiente para enharinar

sal y pimienta blanca recién molida, al gusto

1 huevo

jitomates *cherry* partidos por la mitad, al gusto

queso parmesano rallado, al gusto

Procedimiento

SALSA POMODORO

1. Corta los jitomates por la mitad a lo largo, elimina la parte central cortándola con un cuchillo y estrújalos sobre un recipiente para eliminar las semillas.
2. Coloca los jitomates en una olla, cúbrelos con agua y cuécelos, presionándolos ocasionalmente, hasta que queden con consistencia de papilla. Pásalos por un pasapurés y coloca esta salsa a fuego bajo en un cacerola con el aceite. Deja que se cocine durante 20 minutos. Agrégale las hojas de albahaca, tapa parcialmente la cacerola y deja reducir la salsa durante 3 horas aproximadamente; muévela con una cuchara ocasionalmente. Unos minutos antes de terminar la cocción añádale sal y pimienta al gusto.

ÑOQUIS

1. Coloca las papas en una olla, cúbrelas con agua, añádeles un poco de sal y cuécelas hasta que estén muy blandas. Sácalas del agua, déjalas entibiar y pélalas. Finalmente, hazlas puré.
2. Enharina una superficie plana y pon en ella el puré de papa. Añádele la harina, sal y pimienta al gusto y mezcla la preparación hasta que obtengas una masa compacta y suave. Agrégale el huevo y amasa hasta que se incorpore bien.
3. Forma con el puré de papa un cilindro de 2 centímetros de diámetro rodando el puré sobre sí mismo; si es necesario enharina un poco la superficie de trabajo. Corta con un cuchillo trozos del cilindro de 1 centímetro de ancho y colócalos en una charola enharinada. Después, rueda cada trozo por el dorso de un tenedor, presionándolos ligeramente. Deja que los ñoquis reposen durante 20 minutos.
4. Pon sobre el fuego una olla con agua y sal. Cuando hierva, añade los ñoquis. Retíralos del agua cuando floten.
5. Sirve los ñoquis con la salsa pomodoro, los jitomates cherries y el queso parmesano.

Palanchingas croatas
a la Spanic

Esta receta la conozco desde niña gracias a mi abuela paterna Elena. Mi mamá las aprendió a hacer y las versiones de ambas son deliciosas. Yo hice la mía con deliciosos toques personales.

Ingredientes para 4-6 porciones

ALMENDRAS CON CARAMELO

1 taza de azúcar

2 cucharadas de agua

½ taza de almendras fileteadas

PALANCHINGAS

1¼ tazas de leche

2 cucharadas de azúcar morena

1 taza de harina de trigo

2 huevos

1 cucharadita de esencia de vainilla

2 cucharaditas de mantequilla derretida
  + cantidad suficiente para freír

1 pizca de sal

2 plátanos cortados en rodajas finas

PRESENTACIÓN

1 taza de chocolate blanco troceado

crema de avellana untable, al gusto

fresas al gusto

Procedimiento

ALMENDRAS CON CARAMELO

1. Funde el azúcar con el agua en un sartén sobre el fuego. Después, cocina el caramelo hasta que se oscurezca sólo un poco, sin que se queme. Extiende el caramelo sobre un papel encerado o un tapete de silicón y resérvalo hasta que se enfríe.

2. Muele en un procesador de alimentos el caramelo con las almendras hasta que obtengas una textura grumosa. Reserva la mezcla.

PALANCHINGAS

1. Licúa la leche con el azúcar y la harina de trigo. Con la licuadora trabajando, añade un huevo a la mezcla; deja que se integre bien y agrega el segundo huevo. Cuando estén bien incorporados los ingredientes, añade la esencia de vainilla, la mantequilla y la sal. Cerciórate de que no queden grumos de harina en las paredes de la licuadora. Refrigera la mezcla durante 20 minutos.

2. Integra a la mezcla de harina las rodajas de plátano con mucho cuidado para no romperlas. Pon un sartén con un poco de mantequilla a fuego medio; cuando esté caliente, vierte en él un cucharón de la mezcla de rodajas de plátano y espárcela en todo el sartén. Cuando comience a burbujear la superficie de la palanchinga, dale la vuelta y cocínala del otro lado durante un par de minutos más o hasta que se cueza del centro. Retírala del fuego y consérvala tapada para que no se enfríe. Repite este paso con la mezcla restante.

PRESENTACIÓN

1. Derrite el chocolate blanco a baño María. Unta un lado de una palanchinga con crema de avellana y enróllala sobre sí misma; repite este paso con las palanchingas restantes. Sírvelas con un poco del chocolate blanco por encima y espolvoréalas con las almendras con caramelo. Decóralas con las fresas.

Las almendras con caramelo que te sobren guárdalas en un recipiente hermético. Te sacan de un apuro, pues sirven para cualquier postre que desees y su sabor es exquisito.

Majarete doña Norma

Le puse el nombre de mi mamá a este majarete en honor a ella, pues no hay uno mejor que haya probado en la vida. Esta preparación es típica de Venezuela, sobre todo del Estado Guárico, en los Llanos Centrales. Mi mamá la hacía para que mi hermano Antonio, mi gemela Daniela y yo la vendiéramos de casa en casa, época en donde el pueblo no tenía peligros y su gente era amigable; tendríamos como 12 años en aquel entonces. Recuerdo que un día que salimos a vender estábamos jugando con las charolas de majarete encima de la cabeza para saber quién podía aguantar con ellas más tiempo en equilibrio. Lo que pasó: ¡a todos se nos cayeron! Comenzamos a reír de inmediato, pues fue algo muy divertido. Pero después, niños inocentes a fin de cuentas, nos preocupamos, pues ¿qué íbamos a hacer con los majaretes llenos de tierra? ¿Qué iba a decir mi mamá si llegábamos con ellos a casa sin haberlos vendido? Entonces, se nos ocurrió la gran idea de limpiarlos, regresar a casa sin que mamá se enterara y cubrirlos con mucha canela. Después, ¡los vendimos todos!, y la gente nunca se enteró. Vaya anécdota. Esta receta tiene como principal esfuerzo la paciencia, pues todo se debe de cocinar a fuego bajo, sin dejar de mover la preparación. Hazlo con una pala de madera larga, pues cuando comienza a hervir podría salpicarte y producirte quemaduras si tienes la mano muy cerca del fondo de la cacerola.

Ingredientes para 8-12 porciones

10 cocos

1 kg de harina de maíz blanco refinada, precocida

100 g de piloncillo

500 g de azúcar refinada

½ cucharadita de sal

1 lata de crema de coco

3 cogollos de naranja

3 rajas de canela enteras

canela molida, al gusto

Procedimiento

1. Precalienta el horno a 160 °C
2. Abre los cocos y reserva el agua de cada uno. Pártelos en trozos y hornéalos durante 10 minutos. Saca un trozo de coco e intenta separar la pulpa de la cáscara con un cuchillo mediante un movimiento de palanca. Si no lo consigues, continúa horneando los trozos de coco hasta que puedas hacerlo. Extrae toda la pulpa de las cáscaras y con un pelapapas retira de ella la cáscara café.
3. Licúa en el procesador de alimentos la pulpa de coco con el agua de ellos que reservaste para obtener una pasta homogénea. Pon esta mezcla en una manta de cielo y exprímela muy bien para extraer la máxima cantidad de líquido. Desecha el bagazo.
4. Coloca sobre fuego bajo una olla alta con el líquido de la pasta de coco y los ingredientes restantes, excepto la canela molida. A partir de aquí, paciencia y cariño, pues tendrás que cocer la preparación, sin dejar de moverla, hasta que haya espesado mucho y no se pegue al fondo de la olla. Retírala del fuego y desecha las rajas de canela y los cogollos de naranja.
5. Vierte el majarete en moldes individuales o en un molde grande y mantenlo en refrigeración hasta que se haya endurecido.
6. Desmolda el majarete y espolvoréalo con canela molida y decóralo a tu gusto.

La harina de maíz blanco refinada precocida la consigues en algunos supermercados. Es la utilizada para elaborar las arepas, hallacas o empanadas de Venezuela y de otros países sudamericanos.

Los cogollos de naranja son las partes más jóvenes del árbol, es decir, los retoños que salen en las ramas y que darán lugar a hojas y frutos. Mi mamá decía que éste era el secreto para su delicioso majarete. Si no los consigues, sustitúyelos por unas cuantas hojas de naranjo; el sabor no será igual pero se conservará delicioso.

Uno de mis pasteles favoritos

Ingredientes para 8 porciones

cantidad suficiente de aceite para freír

12 plátanos machos maduros

8 huevos

3 tazas de azúcar

½ taza de harina de trigo cernida

la ralladura de 1 limón

1 cucharada de vainilla

mantequilla para engrasar

500 g de queso Cotija rallado

dulces de miel troceados para decorar

azúcar glass y canela molida para decorar

hojas de menta para decorar

Procedimiento

1. Precalienta el aceite en un sartén. Pela los plátanos, córtalos en rodajas y fríelas en el aceite hasta que se doren ligeramente. Retíralas del sartén, colócalas sobre papel absorbente para eliminar el exceso de aceite y resérvelas.
2. Separa las yemas de las claras y bate ambas por separado, las yemas a punto de listón y las claras a punto de nieve. Añade a las claras 1 taza de azúcar en forma de lluvia y después incorpórales las yemas batidas de forma envolvente; luego, la harina cernida y finalmente, la ralladura de limón y la vainilla.
3. Precaliente el horno a 150 °C.
4. Engrasa un refractario con la mantequilla. Coloca en él una capa de la mezcla de claras y yemas batidas, encima distribuye rodajas de plátano y espolvoréales un poco de queso y azúcar. Repite este procedimiento hasta terminar con la mezcla. Hornea el pastel entre 30 y 40 minutos.
5. Sirve el pastel tibio decorado con los dulces de miel, el azúcar glass, la canela molida y las hojas de menta.

Acompaña este pastel con una bola de helado de tu sabor favorito. Cómelo en el desayuno con café con leche, en la merienda… ¡a cualquier hora es delicioso!

Si lo comerás después de haberlo refrigerado, corta 1 rebanada y métela durante 1 minuto al horno de microondas. Parecerá como recién horneado.

Pastel de pan doña Norma

La verdad, mi mamá es la reina de los postres criollos. Esta torta, como le llaman en Venezuela a lo que en México es un pastel, nadie la hace mejor que ella. Recuerdo que se la pedían en todas las celebraciones. A pesar de que aprendí a hacerla, la verdad no me queda como a ella, pues cada una tiene su toque personal. Sin embargo, les aseguro que mi versión de esta torta les encantará: queda como un flan napolitano con un toque dulce-salado; una combinación perfecta para aquellos amantes de los postres que no empalagan. También, el almíbar que lleva este pastel se derrite durante el horneado y lo baña por completo. No olvidarás jamás este sabor tan exquisito.

Ingredientes para 18 porciones

ALMÍBAR

2 ½ tazas de azúcar

½ taza de agua

PASTEL

18 bolillos troceados

2 l de leche

500 g de azúcar

500 g de queso llanero salado o queso
   Cotija, rallado

1 lata de leche condensada

18 huevos

2 cucharadas de vainilla

½ taza de ron

Procedimiento

ALMÍBAR

1. Mezcla el azúcar con el agua en un cazo o en el molde donde hornearás el pastel. Coloca el cazo o molde a fuego medio y deja que se cocine la mezcla hasta que obtengas un jarabe color ámbar. Reserva.

PASTEL

1. Precalienta el horno a 200 °C.
2. Remoja los trozos de pan en la leche hasta que puedas deshacerlo muy bien con las manos. Una vez deshecho el pan, añádele el azúcar, el queso, la leche condensada, los huevos, la vainilla y el ron. Revuelve muy bien todos los ingredientes hasta que obtengas una mezcla homogénea.
3. Vierte la mezcla de pan en el molde para pastel con almíbar y hornéalo durante 1 hora. Verifica la cocción introduciendo un palillo en el centro del pastel; si éste sale limpio, saca el pastel del horno; de lo contrario, hornéalo durante 30 minutos más. Déjalo reposar a temperatura ambiente durante 30 minutos.
4. Desmolda el pastel donde lo servirás, decóralo a tu gusto y sírvelo.

Utiliza un molde para pastel grande con capacidad de 2 kg o varios moldes de menor capacidad.

Puedes decorar este pastel con figuras de caramelo. Para elaborarlas, vierte caramelo sobre un papel encerado en las formas que desees, espera a que se endurezcan, despégalas del papel ¡y listo!

Si te quedó pan blanco de días anteriores utilízalo en lugar de los bolillos para hacer este pastel; no importa que esté muy duro, pues se remojará con la leche.

Pan de manzana
de la abuela Helena con mi toque

Este pan lo adapté de las versiones de mi madre y mi abuela: utilizo masa del pan de jamón venezolano y le doy una forma alargada, como de brazo gitano. Cada que pienso en él no puedo evitar recordar mi infancia y lo espectacular de su sabor.

Ingredientes para 2 panes

MASA

200 ml de leche

50 g de mantequilla

500 g de harina de trigo

2 cucharadas de levadura instantánea

50 g de azúcar

2 huevos

RELLENO

12 manzanas verdes peladas, sin corazón
   y ralladas

1 cucharada de mantequilla

1 taza de azúcar

½ taza de jugo de limón verde mezclado
   con el jugo de 1 limón amarillo

canela molida, al gusto

nuez moscada molida, al gusto

200 g de pasas

200 g de arándanos secos

200 g de dátiles sin semilla, picados

ARMADO

cantidad suficiente de harina de trigo para
   extender la masa

90 g de queso crema a temperatura
   ambiente

1 yema de huevo mezclada
   con 2 cucharadas de agua

Procedimiento

MASA

1. Calienta en el microondas la leche y la mantequilla hasta que esta última se funda. Resérvala.
2. Mezcla en un tazón la harina con la levadura y el azúcar. Colócalos en forma de volcán en una superficie plana, hazle un orificio en el centro y añade dentro los huevos; bátelos bien. Comienza a incorporar de a poco la harina del derredor a los huevos, alternando con la mezcla de leche y mantequilla caliente. Amasa todos los ingredientes delicadamente hasta obtener una masa homogénea y suave. Coloca la masa en un tazón, cúbrela con plástico autoadherente y déjala reposar durante 1 hora.

RELLENO

1. Mezcla en un cazo las manzanas ralladas con la mantequilla, el azúcar y los jugos de limón. Cuécelas a fuego bajo hasta que el azúcar sea un jarabe con punto de hebra. Incorpora las pasas, los arándanos, los dátiles, la canela y la nuez moscada y resérvalo.

ARMADO

1. Precalienta el horno a 180 °C. Divide la masa en dos.
2. Enharina una superficie y estira en ella una de las porciones de masa con ayuda de un rodillo, de manera que te quede cuadrada y de ½ centímetro de grosor aproximadamente. Úntale encima, con una espátula, la mitad del queso crema; cerciórate de que queden 2 centímetros de toda la orilla sin queso para poder cerrar el pan. Encima del queso esparce la mitad del relleno con una cuchara. Para formar el pan, enróllalo sobre sí mismo y al final cierra el doblez con un poco de agua. Mete las puntas del pan hacia dentro para que quede bien sellado. Colócalo en una charola engrasada y con un tenedor pínchalo por todos lados para permitir que escape el vapor durante el horneado. Finalmente, barnízalo con la mitad de la mezcla de yema de huevo. Repite este paso con la mitad de los ingredientes restantes para formar otro pan.
3. Hornea los panes hasta que la superficie se dore, sácalos del horno y déjalos entibiar durante 20 minutos. Decóralos a tu gusto y sírvelos.

Acompaña este pan con una bola de helado de vainilla. La combinación es espectacular.

Pastel glaseado de limón

Este pastel lo vendía en la escuela en el turno de la tarde. Hasta el día de hoy
lo sigo disfrutando muchísimo, además de que es súper sencillo de hacer.

Ingredientes para 1 pastel

4 claras de huevo

½ taza de mantequilla

½ taza de azúcar mascabado

1 ¼ tazas de harina de trigo

4 yemas de huevo

1½ taza de azúcar glass

2 cucharadas de jugo de limón
    + ¼ de taza

½ cucharada de aceite vegetal

½ cucharada de polvo para hornear

1 cucharada de esencia de vainilla

la ralladura de 2 limones

Procedimiento

1. Engrasa y enharina un molde rectangular o circular. Precalienta el horno a 180 °C.
2. Bate las claras a punto de nieve y resérvalas.
3. Bate la mantequilla con el azúcar mascabado hasta que la mezcla se esponje. Añádele ½ taza de harina poco a poco y continúa batiendo un poco más.
4. Bate las yemas con ½ taza de azúcar glass y 2 cucharadas de jugo de limón hasta que esponjen. Añádele la harina restante. Incorpórale con movimientos envolventes la mezcla de mantequilla, el aceite vegetal, el polvo para hornear y la vainilla.
5. Incorpora a la mezcla anterior las claras y la ralladura de limón con movimientos envolventes.
6. Vierte la mezcla en el molde y hornea el pastel durante 45 minutos. Sácalo del horno y déjalo entibiar.
7. Mezcla el azúcar glass y el jugo de limón restantes hasta obtener un glaseado espeso. Viértelo sobre el pastel y sírvelo.

Polvorosas

Estas delicias, que en México llaman polvorones, mi madre las elaboraba para que mis hermanos y yo las vendiéramos en el poblado donde me crié. Recuerdo que siempre nos pedían muchas. Son muy fáciles de preparar y deliciosas. Te recomiendo comerlas acompañadas con una taza de café con leche; la combinación va de maravilla.

Ingredientes para 8-12 polvorosas

500 g de harina de trigo
500 g de azúcar glass
½ cucharaditas de sal
250 g de manteca vegetal

Procedimiento

1. Mezcla con una cuchara los ingredientes secos en un tazón.
2. Coloca sobre una superficie plana la manteca vegetal y extiéndela un poco. Cierne encima los ingredientes secos y mezcla todo muy bien, amasando la mezcla, hasta que ésta sea homogénea y tersa.
3. Precalienta el horno a 180 °C.
4. Forma con la masa esferas del tamaño de una pelota de pingpong, o más grandes si lo deseas, y colócalas en una charola engrasada o con papel siliconado.
5. Hornea las polvorosas entre 25 y 30 minutos. Retíralas del horno, déjalas enfriar muy bien hasta que se endurezcan, y sírvelas.

Estas polvorosas no deben dorarse demasiado, sólo un poco. Se deben dejar enfriar muy bien antes de manipularlas porque quedan muy delicadas y se pueden estropear fácilmente.

Un secreto que te comparto, muy útil cuando hornees cualquier masa, es rociar todo el interior del horno con agua con ayuda de un atomizador, justo antes de que hornees tus preparaciones. Así se crea un ambiente húmedo que ayudará a que cualquier masa quede crocante por fuera y muy suave por dentro.

Carato

Ésta es una de mis bebidas favoritas y sin problema alguno me podría tomar 1 litro. Cuando era niña siempre le decía a mi mamá que la hiciera. Es muy refrescante cuando hace mucho calor.

Ingredientes para 3 litros

2.5 l de agua
500 g de harina de arroz
500 g de piloncillo
rajas de canela al gusto
azúcar al gusto
cogollos u hojas de naranjo, al gusto
hojas de menta al gusto

Procedimiento

1. Mezcla en una olla el agua con la harina de arroz. Añade el piloncillo, la canela, el azúcar y los cogollos u hojas de naranjo; cuece la preparación a fuego medio, batiendo continuamente; deja que hierva durante un par de minutos. Retira el carato del fuego y déjalo reposar hasta que se entibie. Después, introdúcelo en el refrigerador durante un par de horas.
2. Sirve el carato en copas y decóralas con rajas de canela y hojas de menta.

Mis primeros sueños

Rumbo a Miss Venezuela a los 17 años.

Con la abuela Helena.

Desde niñas, Daniela y yo con la ayuda de tías y abuela organizábamos desfiles de modas en el jardín, así como pasarelas para las reinas de belleza que soñábamos ser. Nos emocionaban nuestros juegos y recibir la corona. ¡Y claro, soñábamos con que estábamos en la televisión y todo el mundo nos admiraba!

Mi abuela materna Hilda, quien había ayudado a sacar adelante a su familia como costurera, también nos hacía hermosos vestidos a mis hermanas y a mí. Lucíamos orgullosas sus prendas hechas con tanto esmero y cariño.

La verdad es que en esa etapa, fuera del círculo familiar, yo era muy tímida y no me sentía muy segura de ser bonita, pero cierto día en la plaza de mi pueblo, mientras se realizaba el desfile de instrucción militar, me coronaron Reina del Liceo. Mi hermana Daniela me entregó la banda y la corona. Esto me permitió tener un lugar de honor para ver el desfile militar, pues yo lo presidía por

Con el profesor Rebolledo y mi hermana.

mi nombramiento… y veía cómo un joven me miraba y me miraba.

Al finalizar el evento él se acercó a mí con una flor silvestre que acaba de cortar y se presentó; se llamaba Ángel. Esta primera conversación no se pudo repetir en varias semanas, pero él paseaba en su *jeep* por la plaza e intercambiábamos intensas miradas y sonrojos. Esos detalles hacían palpitar mi corazón… incluso en misa. Un día se sentó detrás de mí y sentí recorrer un estremecimiento intenso que me mantuvo inquieta durante la ceremonia. Al terminar, se ofreció a acompañarme a casa.

Después de tres meses, me preguntó si quería ser su novia.

Con mi madre, hermanos y mi prima Kasandra.

Mis hermanos, mis primos y yo.

¡Desde pequeña en la cocina!

Al llegar se lo presenté a mi mamá, que ya sabía que era el chico que me gustaba. Recuerdo cómo se tuvo que sobreponer al susto —éramos muy inocentes en esa época— de tener que saludar a mi mamá.

Él no vivía en Ortiz sino en el cercano San Juan de los Morros, pero venía cada domingo a verme un rato después de misa. Después de tres meses, me preguntó si quería ser su novia. Yo le respondí,

Siempre hemos sido muy unidos como familia.

como correspondía a una niña de familia en esa época, que tenía que preguntarlo a mis padres para tener su permiso. Él dijo que lo haría, pero que le respondiera si yo quería. Obviamente, con el corazón saliéndome del pecho, logré decirle que sí quería ser su novia.

Mi primer beso fue con Ángel y lo considero el más bello de mi vida, aunque haya durado unos segundos. Sucedió sentada en aquel banco de la plaza de mi pueblo; me puse tan contenta con el roce de sus labios, que hoy me parece un sueño haber vivido aquella maravillosa fantasía.

Fue una fantasía porque viví la pureza del primer amor, cuidada por mi familia, ya que él me visitaba a diario en mi casa y debía irse a las diez de la noche. Pero un día, no llegó. La angustia me consumió; como podía haber mil explicaciones para su ausencia traté de tranquilizarme. Con

Hoy me parece un sueño haber vivido tan maravillosa fantasía.

Mi madre Norma con todos sus hijos.

cierta dificultad concilié el sueño para vivir en una pesadilla las imágenes premonitorias de una realidad que sabría hasta muchas horas —casi un día— después.

Precisamente estaba cocinando, tratando de distraerme de los horribles pensamientos que habían amargado mi día, pues coincidentemente había habido un accidente donde vi volar el cuerpo de un atropellado. Cuando mi gemela y mi mamá entraron en la cocina, en realidad, no dijeron nada. Yo lo dije, porque ya lo sabía: un accidente le había quitado la vida a Ángel. Murió ahogado.

Mi familia me acompañó al sepelio. Recuerdo las melodías que la banda marcial del Fuerte Conopoima a la que Ángel perteneció varios años; el destacamento militar en sus uniformes de gala, la gente del pueblo, el dolor de su mamá… y mi profunda pena regada en ríos de lágrimas.

En ese momento descubrí que a todos nos pertenece la muerte y que no importa el poder, la edad, ni el dinero que se tenga, siempre enfrentaremos nuestra muerte biológica y es la única experiencia humana que con certeza nos pertenece a todos por igual.

Precisamente, porque la viví con todo y su triste final en mi caso, sé que las historias de amor no sólo se viven en las telenovelas, pues mi amor real con Ángel lo viví en mi pueblo cuando me faltaban pocas semanas para cumplir quince años.

El amor que viví por primera vez es probable que ya no sea experimentado de la misma manera por

Superar la muerte de Ángel no fue nada fácil.

Nuestra maestra Mireya Ortiz.

muchos jóvenes de hoy, pero todavía hay en el mundo personas bellas que se identifican con esos anhelos limpios.

Superar la muerte de Ángel no me fue nada fácil, pero poco a poco con el apoyo familiar lo fui logrando. Mi refugio por entonces fue la lectura y mis estudios, y el recuerdo de su dulce sonrisa fue mi motivo para seguir adelante.

Bella foto con mis padres, abuela Helena y hermanos.

Parte de mi familia en Mérida, Venezuela.

Trabajar, como en realidad lo había hecho desde muy pequeña en casa o con las ventas más o menos informales de dulces, fue mi mejor medicina. Así que además de la escuela, mi hermana Daniela y yo conseguimos empleo en las horas de la tarde como suplentes en la secretaría de la Alcaldía. Como teníamos que escribir los libros de actas, fuimos aprendiendo lentamente el manejo de oficina en uno de los despachos más importantes del pueblo. Además, nos permitió relacionarnos con mucha gente.

A los pocos meses también nos inscribimos en un curso de enfermería y a otro de catecismo. Además de aprender y de ir teniendo más claridad sobre el curso que queríamos dar a nuestras vidas, aprovechamos tantas conexiones con la gente para vender los boletos de la rifa de dos cerdos. Los fondos recaudados eran para conseguir fon-

Con Yahaira, una querida amiga.

Alcancé el puntaje para entrar a la mejor universidad en Venezuela.

Fue una de las fiestas más emotivas e inolvidables de mi vida, aunque no pude evitar la añoranza por mi Ángel, con quien había soñado bailaría el vals y caminaría de su mano por el jardín; confiada y sonriente…

En fin, en 1988, después de haber terminado la secundaria me fui a Caracas. Primero viví en una casa de estudiantes, pues entré a cursar el propedéutico. Éste es un curso que en Venezuela se tiene que hacer para entrar a la universidad. Al terminar, haces un examen cuyos resultados se

dos extra y así apoyar a nuestros padres con los gastos de la celebración de nuestros quince años.

publicaban en el periódico. Los resultados altos te permiten entrar a las mejores universidades. De hecho, yo alcancé el puntaje para entrar a la mejor, que era la Universidad Católica Andrés Bello, para cursar Psicopedagogía. El problema era que me exigían vivir en el campus y dedicarme ex-

Comencé a acercarme a Venevisión, la principal cadena televisora en Venezuela.

clusivamente al estudio. Yo no podía imponer esa carga de mantenerme de esa forma porque no teníamos recursos económicos, tenía que trabajar.

Por esa razón me inscribí en la Universidad Abierta (UNA) ya que podía cursar los estudios por correspondencia sin que fuera necesario que estuviera yendo a un salón, sino que yo avanzaba a mi ritmo.

En ese entonces me fui a vivir con mi tía Lizbeth, hermana de mi mamá, quien fue mi apoyo durante esos años iniciales. Después me mudé de casa, etapa donde echaba mano de todo lo que encontrara. Como a veces tenía para comer y otras no, y por donde vivía había muchos árboles de mango, pues a veces comía sólo mango, mango y más mango. Así, este fruto se convirtió para mí en un símbolo de echar para delante, de sacar provecho de lo que tienes, un hacer tripas corazón y nunca

perder el buen humor. Hoy, en lugar de pensar que es muy triste tener sólo un ingrediente, prefiero crear recetas y formas diferentes de usarlo.

Además de hacer los trámites para la universidad, mi otro objetivo al ir a vivir a Caracas fue entrar en el mundo del espectáculo. Comencé a acercarme a Venevisión, la principal cadena televisora en mi país, para aparecer en lo que me ofrecieran, haciendo todos los *castings* que pudiera. Al principio sólo conseguí trabajar como extra en la telenovela *Bellísima*. Para empezar, no estuvo nada mal. Luego, vinieron algunas películas. Ésa era la forma para que tanto productores, como directores o artistas te vieran, les llamaras la atención y te pidieran que participaras en otro proyecto. Así fue como logré hacer un *casting* para la productora independiente Marte TV. El director me había dicho que me veía como la protagonista, pero luego no se consolidó porque el protagonista masculino impuso a su novia. Me dolió mucho y me di cuenta que no sería sencillo. Afortunadamente seguí recibiendo oportunidades para hacer otros papeles. Yo corría a presentarme a cualquier producción donde creyera que tenía oportunidades, fuera como edecán o en campañas publicitarias;

Yo corría a presentarme a cualquier producción donde creyera que tenía oportunidades.

cualquier oportunidad para salir en pantalla o hacer relaciones en el medio.

Con el tiempo, la carga de trabajo como modelo, haciendo *castings* o comerciales, me obligaron a abandonar la universidad. En ese momento yo no sólo quería cumplir mis sueños, sino que quería lograrlos sin volverme una carga para mi familia y que se sintieran orgullosos de mí. Por esos años yo aprovechaba cualquier oportunidad para trabajar. ¡Incluso vendí enciclopedias!

Gracias a que ya me conocían un poco en Venevisión, me contrataban para ser edecán de los eventos de la misma compañía. Un día que yo traía un vestido como galáctico, pues tenía que hacer alusión a algo que se quería decir que era de otro mundo o algo parecido, me vio Arquímedes Rivero, quien era conocido por su excelente ojo para descubrir talentos. Él se me acercó y me ayudó a conseguir una beca para estudiar con Nelson Ortega, el mejor profesor de actuación de Venezuela.

Lindos recuerdos de Ortiz, Venezuela.

Siempre me ha gustado cocinar por todo el amor que hay de por medio.

¡Paella en proceso!

Tiras de lomito
sobre cama de yuca

Ingredientes para 6 porciones

YUCA

1 kg de yuca pelada

CEBOLLAS CARAMELIZADAS

¼ de taza de aceite de oliva extra virgen

2 cebollas grandes fileteadas

1 cucharadita de azúcar mascabado

ADEREZO

5 dientes de ajo rallados

½ taza de vinagre de sidra de manzana
      o de manzana

2 ramitas de perejil picadas finamente

½ taza de aceite de oliva extra virgen

sal y pimienta al gusto

MONTAJE

1 kg de lomito de res cortado en tiras finas

aceite de oliva extra virgen al gusto

sal y pimienta al gusto

Procedimiento

YUCA

1. Coloca la yuca en una olla exprés y cúbrela con agua. Cierra la olla, ponla sobre el fuego y deja que la yuca se cueza durante 45 minutos, contando el tiempo a partir de que el vapor comience a escapar. Cuando la olla se haya entibiado, retira la yuca del agua, quítale la vena central y resérvala.

CEBOLLAS CARAMELIZADAS

1. Sofríe a fuego bajo la cebolla en el aceite de oliva. Añádele el azúcar mascabado y déjala cocer durante 1 hora aproximadamente o hasta que se caramelice. Durante la cocción es muy importante que muevas la cebolla continuamente para que no se queme; si se seca mucho, puedes agregar poco a poco cantidades pequeñas de agua.

ADEREZO

1. Mezcla el ajo con el vinagre y sal y pimienta al gusto. Incorpora el perejil picado y el aceite de oliva.

MONTAJE

1. Salpimienta las tiras de lomito y cocínalas a término medio en un sartén con el aceite de oliva.
2. Si la yuca está fría, recaliéntala y trocéala o hazla puré. Colócala sobre los platos y encima de ella distribuye las tiras de lomito y la cebolla caramelizada.

La yuca es un tubérculo parecido a la papa que en Venezuela se emplea hervida, frita o seca; con ella se elabora una galleta muy crocante a la que llaman cazabe. Es buenísima para la digestión y recomendable para reducir el consumo de calorías por otorgar rápidamente la sensación de saciedad.

Otra manera de presentar la yuca en este plato es cortándola en rodajas y cociéndolas en una olla o cacerola con agua.

Pasta con queso mozzarella
y albahaca

Una opción de entrada fresca y deliciosa.

Ingredientes para 4 porciones

500 g de pasta corta de tu preferencia

5 jitomates sin semillas, picados
   en cubos

500 g de esferas de queso mozzarella

½ taza de aceite de oliva extra virgen

hojas de albahaca fresca al gusto

hojas de salvia fresca al gusto

sal y pimienta al gusto

Procedimiento

1. Cuece la pasta en agua hirviendo con sal de acuerdo con las instrucciones del empaque. Sácala del agua y déjala escurrir.
2. Mezcla los ingredientes restantes y agrégalos a la pasta aún caliente, de manera que el queso se funda ligeramente.

Ensalada capresse a mi estilo

Ingredientes para 4 porciones

ENSALADA

2 tazas de alfalfa desinfectada

2 betabeles cocidos y cortados en trozos

400 g de queso mozzarella cortado en trozos

1 taza de jitomates *cherry* rojos y amarillos
cortados por la mitad

hojas de perejil al gusto

hojas de albahaca al gusto

ADEREZO

½ taza de aceite de oliva extra virgen

el jugo de 1 naranja

el jugo de 1 limón amarillo

3 cucharadas de vinagre balsámico

sal de mar, al gusto

pimienta negra recién molida, al gusto

Procedimiento

ADEREZO

1. Mezcla con un batidor globo los jugos de naranja y limón con sal y pimienta al gusto. Añade el vinagre balsámico y mezcla de nuevo hasta que obtengas un aderezo homogéneo.

ENSALADA

1. Distribuye en platos la alfalfa y coloca encima los trozos de betabel, de queso mozzarella y los jitomates *cherry*. Decora con las hojas de perejil y albahaca y acompaña con el aderezo.

Otra opción que me encanta es parrillar los trozos de betabel cocidos;
quedan con un sabor tostado y con menos líquido.

Albóndigas de lentejas

Ingredientes para 6 porciones

ALBÓNDIGAS

500 g de lentejas cocidas y drenadas

2 claras

1 taza de pan integral molido

2 dientes de ajo rallados

cebolla en polvo, al gusto

curry en polvo, al gusto

12 bastones de queso mozzarella cortados en trozos

sal y pimienta al gusto

PURÉ DE PLÁTANO MACHO

6 plátanos machos maduros

2 cucharadas de mantequilla

SALSA DE PIMIENTO

5 pimientos rojos grandes

2 cucharadas de aceite de oliva + cantidad suficiente para untar

1 diente de ajo rallado

½ cucharada de azúcar mascabado

2 hojas de laurel

sal y pimienta al gusto

Procedimiento

PURÉ DE PLÁTANO MACHO

1. Pela los plátanos, trocéalos y colócalos en una olla con agua. Ponlos sobre el fuego y deja que hiervan durante 20 minutos o hasta que estén muy blandos.
2. Pasa los trozos de plátano por el pasapurés, añádales la margarina y sal al gusto. Reserva el puré.

SALSA DE PIMIENTO

1. Unta los pimientos con un poco de aceite y hornéalos en la parrilla del horno o ásalos al fuego directo hasta que se les ampolle la superficie. Introdúcelos en una bolsa de plástico y deja que suden. Pélalos, retírales las semillas y licúalos.
2. Sofríe en una cacerola el ajo hasta que se dore ligeramente. Añade la mezcla de los pimientos, el azúcar, las hojas de laurel y sal y pimienta al gusto. Deja que la salsa se cocine durante 20 minutos a fuego bajo.

ALBÓNDIGAS

1. Precalienta el horno a 180 °C.
2. Pasa las lentejas por un pasapuré y mézclalas bien con los ingredientes restantes, excepto el queso. Forma albóndigas con la preparación colocando en el centro de cada una algunos trozos de queso mozzarella.
3. Hornea las albóndigas en una charola con papel encerado o un tapete de silicón durante 25 minutos.

PRESENTACIÓN

1. Distribuye en platos el puré de plátano, sobre éste las albóndigas y encima la salsa de pimiento. ¡Es una delicia dietética y saludable!

Pechugas de pollo
al salmorejo

Ingredientes para 5 porciones

PECHUGAS

½ taza de aceite de oliva extra virgen

½ taza de vinagre de sidra de manzana

2 dientes de ajo

600 g de pechuga de pollo cortada en tiras gruesas

sal y pimienta al gusto

orégano seco, al gusto

BERENJENAS

1 ½ berenjenas sin cáscara cortadas en rodajas de ½ centímetro

½ taza de harina de trigo integral

1 clara y 1 huevo batidos juntos

¼ de taza de pan integral molido

1 cucharadita de ajo en polvo

2 cucharadas de queso parmesano

sal y pimienta al gusto

Procedimiento

BERENJENAS

1. Precalienta el horno a 200 °C. Coloca en la base de dos charolas para hornear papel encerado, siliconado o tapetes de silicón.
2. Mezcla el pan molido con el ajo en polvo, el queso parmesano y sal y pimienta al gusto.
3. Salpimienta las rodajas de berenjena. Coloca la harina de trigo en un recipiente, los huevos batidos en otro y en un tercero el pan molido. Enharina una rodaja de berenjena, pásala por el huevo y empanízala con el pan. Coloca la rodaja en la charola para hornear y repite este paso con el resto de las rodajas.
4. Hornea las rodajas de berenjena durante 20 minutos.

PECHUGAS

1. Precalienta el horno a 180 °C.
2. Licúa el aceite de oliva con el vinagre y los dientes de ajo.
3. Salpimienta las tiras de pechuga de pollo; añádeles el orégano y la mezcla anterior e incorpóralos bien.
4. Distribuye las tiras de pechuga sobre una charola para hornear y hornéalas durante 1 hora.
5. Sirve las tiras de pechuga distribuyéndolas en platos, bañándolas con su jugo de cocción y colocándoles a un lado rodajas de berenjena horneada.

¡Éste es un plato exquisito que te va a encantar!

Pulpo parrillado

Ingredientes para 4 porciones

trozos de cáscara de papaya, al gusto

2 pulpos pequeños sin vísceras

el jugo de 1 limón

2 tazas de tajadas de chorizo argentino

aceite de oliva al gusto

páprika al gusto

sal y pimienta al gusto

Procedimiento

1. Coloca sobre el fuego una olla de presión con el agua suficiente para cocer en ella el pulpo y añádele los trozos de cáscara de papaya.

2. Cuando el agua hierva asusta el pulpo tres veces, es decir, atraviésalo con un pincho largo y métrelo y sácalo tres veces del agua. Posteriormente, cierra la olla y deja que el pulpo se cueza durante 45 minutos a partir de que el vapor comience a salir. Retira la olla del fuego y déjala entibiar.

3. Saca el pulpo de la olla y enfríalo bajo el chorro de agua fría o sumérgelo en un recipiente con agua y hielos. Úntalo con el jugo de limón, sal y pimienta al gusto.

4. Parrilla las tajadas de chorizo argentino y el pulpo hasta que ambos ingredientes estén bien dorados por todos lados.

5. Trocea el pulpo, distribúyelo en platos junto con las tajadas de chorizo argentino y rocía a ambos aceite de oliva y espolvoréales páprika.

En esta receta puedes emplear el aceite de los Quesos macerados (ver pág. 85).
Si deseas algo de picante, unas rajas de chile fresco o en vinagre son la opción.

Rollos de pollo
con cebolla caramelizada

Ingredientes para 8 porciones

2 pimientos verdes

1 cucharada de vinagre de sidra
de manzana

1 cucharada de aceite de oliva extra virgen

250 g de queso panela cortado
en bastones

1 taza de espinaca *baby*

4 bisteces de pechuga de pollo

ajo en polvo, al gusto

sal y pimienta al gusto

cantidad suficiente de fécula de maíz

cebollas caramelizadas (ver pág. 60)

Procedimiento

1. Unta los pimientos con un poco de aceite y hornéalos en la parrilla del horno o ásalos al fuego directo hasta que se les ampolle la superficie. Introdúcelos en una bolsa de plástico y deja que suden. Pélalos, córtalos por la mitad a lo largo y retírales los rabos, semillas y venas. Mézclalos con el vinagre de sidra, el aceite de oliva y sal y pimienta al gusto. Haz con ellos rollitos rellenándolos con los bastones de queso panela y las espinacas. Resérvalos.
2. Coloca una vaporera con agua sobre el fuego.
3. Espolvorea a los bisteces de pechuga de pollo el ajo y sal y pimienta al gusto. En el extremo de un bistec coloca un rollito de pimiento y enróllalo sobre sí mismo. Repite este procedimiento con el resto de los bisteces.
4. Cubre el exterior de los rollos con fécula de maíz, presionándolos para que se les adhiera bien, y sacúdelos para retirarles el exceso. Envuelve cada rollo de pollo con papel aluminio y deja que se cuezan en la vaporera durante 30 minutos.
5. Retira el papel aluminio a los rollos y sírvelos en platos individuales con la cebolla caramelizada.

Si te gusta el picante, coloca una cama de salsa molcajeteada
en los platos donde servirás los rollos.

Lomos de atún con piña

Éste es un plato bajo en calorías muy sencillo de preparar. ¡A mí me encanta por exquisito!

Ingredientes para 4 porciones

6 rodajas de piña

cantidad suficiente de aceite en aerosol

aceite de oliva para barnizar

4 medallones de atún fresco

200 g de ajonjolí

ajo en polvo, al gusto

hojas de cebolla cambray cortadas
finamente, al gusto

sal y pimienta al gusto

Procedimiento

1. Precalienta el horno en la función de *grill*.
2. Rocía un poco de aceite en aerosol en una charola para hornear y distribuye en ella las rodajas de piña. Hornéalas durante 10 minutos de cada lado.
3. Barniza los medallones de atún con un poco de aceite de oliva y salpiméntalos.
4. Precalienta un sartén a fuego bajo durante 5 minutos. Combina el ajonjolí con el ajo en polvo y empaniza los medallones de atún con esta mezcla. Aumenta la potencia del fuego al máximo y cocina los medallones de atún durante 2 minutos por cada lado.
5. Licúa dos rodajas de piña; cuela, desecha el bagazo y pon a hervir el líquido con las hojas de cebolla cambray durante 1 minuto para obtener un jugo de piña un poco concentrado.
6. Sirve los medallones de atún con las rebanadas de piña asada y el jugo de piña.

Enrollado de pavo

Ingredientes para 8 porciones

SALSA

500 ml de jugo de mandarina natural

1 taza de azúcar mascabado

cebolla cambray cortada finamente
   con sus hojas, al gusto

ENROLLADO

1 kg de carne de pavo molida

½ taza de zanahoria rallada

1 pimiento morrón rojo rallado

1 cebolla morada rallada

3 dientes de ajo rallados

½ taza de pan molido integral

½ taza de queso parmesano rallado

sal y pimienta al gusto

RELLENO

1 taza de floretes pequeños de brócoli

1 taza de floretes pequeños de coliflor

10 espárragos

1 taza de champiñones cortados
   en cuartos

Procedimiento

SALSA

1. Pon a hervir todos los ingredientes hasta que obtengas una consistencia de salsa. Resérvala.

ENROLLADO

1. Precalienta el horno a 180 °C.
2. Mezcla todos los ingredientes hasta que se incorporen bien.
3. Estira la preparación sobre una superficie de papel aluminio para formar un rectángulo. Coloca todas las verduras del relleno en uno de los extremos largos y enrolla poco a poco hasta obtener un cilindro.
4. Hornea el enrollado durante 1 hora y 20 minutos.
5. Corta en rodajas el enrollado y sírvelas con la salsa.

Gelatina espumosa de fresa

Ingredientes para 6-8 porciones

1 l de agua de fresa natural

14 g de grenetina en polvo

½ taza de azúcar mascabado

6 claras

1 taza de leche deslactosada en polvo

2 yemas

fresas cortadas en cuartos, al gusto

Procedimiento

1. Pon sobre el fuego una olla con el agua de fresa. Cuando hierva, añade la grenetina y bate muy bien hasta que ésta se disuelva. Añade el azúcar y mézclala hasta que también se disuelva.

2. Bate las claras a punto de nieve; cuando alcancen este punto de batido, añádeles la leche en polvo y las 2 yemas y sigue batiendo. Añade esta mezcla al agua de fresa de manera delicada y con movimientos envolventes.

3. Vierte la gelatina en un molde grande; cuando se entibie, métela al refrigerador durante 2 horas. Desmóldala y decórala con las fresas cortadas en cuartos.

Brownie sin harina
súper dietético

Ingredientes para 6 porciones

6 claras
3 cucharadas de azúcar mascabado
1 taza de cocoa en polvo
½ taza de azúcar glass
1 cucharada de esencia de vainilla
½ taza de nueces trituradas
chocolate amargo fundido, al gusto
fresas cortadas en cuartos, al gusto

Procedimiento

1. Precalienta el horno a 200 °C.
2. Bate las claras a punto de nieve. Cuando alcancen este punto, añade poco a poco y de manera envolvente los siguientes ingredientes, uno por uno: azúcar, cocoa, azúcar glass, esencia de vainilla y nueces.
3. Coloca la mezcla en un molde para hornear e introduce éste en otro recipiente para formar un baño María. Hornea el brownie entre 25 y 30 minutos. Saca el brownie del horno y déjalo enfriar completamente.
4. Desmolda el brownie y decóralo con el chocolate amargo y las fresas.

Cascos de maracuyá
rellenos

Ingredientes para 5 porciones

5 maracuyás
½ taza de azúcar mascabado
1 raja de canela
250 g de queso *cottage*
miel de abeja al gusto (opcional)
miel de piloncillo al gusto
    (opcional)
canela molida, al gusto (opcional)

Procedimiento

1. Corta por la mitad cada maracuyá; remueve la pulpa junto con las semillas y re-sérvalas.
2. Coloca los cascos de maracuyá en una olla, cúbrelos con agua y ponlos sobre el fuego para que hiervan durante 25 minutos; retíralos del agua y sumérgelos en un recipiente con agua fría y hielos. Reserva el agua de cocción.
3. Con un cuchillo pequeño y muy afilado retira la cáscara exterior de los cascos y resérvalos.
4. Añade al agua de cocción de los cascos la pulpa junto con las semillas de maracuyá, mezcla bien y cuélala. Agrégale el azúcar y la canela y cuece esta preparación sobre el fuego hasta que reduzca considerablemente y obtengas una consistencia similar a la de un atole. Agrega los cascos de maracuyá y retira la preparación del fuego. Déjala reposar durante 30 minutos.
5. Sirve los cascos de maracuyá rellenos de queso *cottage*; encima coloca la preparación de maracuyá, y si lo deseas, decóralos con la miel de abeja o miel de piloncillo y canela.

Conserva de col

Ingredientes

1 col entera cortada en tiras

6 dientes de ajo

1 taza de vinagre de sidra
de manzana

1 taza de aceite de oliva
extra virgen

sal y pimienta al gusto

Procedimiento

1. Hierve las tiras de col en agua con sal durante 20 minutos. Retíralas del agua y resérvalas.
2. Licúa los ajos con el vinagre, el aceite y sal y pimienta al gusto.
3. Introduce la col en un frasco de vidrio que tenga tapa y añádele el molido de ajos. Tapa el frasco.

Puedes comenzar a consumir esta preparación a partir de que se haya enfriado completamente.
Se conserva después sin refrigeración durante varias semanas

Ya que a mí me encantan las verduras a la vinagreta, te sugiero hacer esta misma receta sustituyendo
la col por pimientos, brócoli, coliflor, calabacita o la verdura que prefieras. Puedes añadirlas
a lo que se te antoje: pan, pasta, carnes a la plancha o lo que se te ocurra.

Quesos macerados

Ingredientes

1 l de aceite de oliva extra virgen

5 ramas de albahaca fresca

5 ramas de salvia fresca

5 hojas de cebolla cambray

5 hojas de laurel

3 dientes de ajo pelados

1 aceituna verde entera

quesos firmes y bajos en grasa
    cortados en trozos, al gusto

Procedimiento

1. Coloca todos los ingredientes, excepto la aceituna y los quesos, en un frasco de vidrio que tenga tapa hermética y donde quede espacio para añadir los quesos. Deja que el aceite repose durante 1 mes.
2. Agrega al aceite los quesos y la aceituna verde; tapa el frasco, mete al refrigerador la preparación y consúmela cuando desees.

Los quesos que puedes emplear son panela, de cabra y mozzarella firmes, Oaxaca, entre muchos otros.

Esto puede ser una merienda o un almuerzo acompañado de un pedazo de pan toscano integral (ver pág. 112). También, un tentempié ideal con una copa de vino.

Camino al éxito profesional

En la bella Croacia.

Entre 1991 y 1992 comencé a aparecer en más telenovelas como *Rosangélica* o *Mundo de fieras*, pero en papeles pequeños. Así fue como tuve la oportunidad de entrar al concurso Miss Venezuela como representante del Estado Guárico. Mi principal motivación era que me ofrecieran mejores papeles. Necesitaba la proyección que este concurso daba, pues es uno de los más importantes escaparates para las chicas en Venezuela hasta hoy en día.

El concurso ponía mucho énfasis en que te vieras delgada… más bien esquelética. Para lograrlo hice dietas sin supervisión, como todas mis compañeras. Por ejemplo, sólo comía manzanas y cuando necesitaba un golpe energético, una barra de chocolate. Lográbamos vernos esbeltas, pero el sacrificio fue brutal.

Saliendo del concurso me dio hipoglucemia. Mis niveles en sangre parecían de una persona con el triple de edad de la mía. Cuando eres muy joven te sientes superheroína y a esa edad es cuando se necesita más atención, porque tomar malas decisiones puede causar graves problemas a la salud más adelante, desequilibrios que incluso llevan a perder la vida si no se atienden a tiempo.

> Cuando eres muy joven te sientes superheroína...

El concurso de belleza me dio la oportunidad de conocer a la hoy exitosa actriz, Scarlet Ortiz. Nos identificamos porque las dos proveníamos de familias con menos recursos económicos que las demás concursantes.

Ella soñaba con unos zapatos rojos y tuve la oportunidad de regalárselos; en respuesta me dijo que seríamos mejores amigas. También conviví con su familia; su mamá me recibía y me invitaba a comer. Como mi familia no estaba conmigo en Caracas aunque mi papá iba verme siempre, fue

¡Miami es encantador!

Caracas, 1998.

muy importante contar con este apoyo. Hoy en día seguimos siendo muy cercanas.

Aunque yo era joven, tenía muy claras ciertas cosas y sabía poner límites. En el concurso había un promotor llamado Pompeyo de Falco, quien era famoso porque si le echaba el ojo a una chica, pues se lanzaba a presionarla para que accediera a sus peticiones. A mí me echó el ojo y una tarde llegó a mi habitación —la compartía con Scarlet y otra chica— un ramo de flores con una tarjeta dirigida a mí. Me enojó muchísimo que creyera que por ser una llanera, o sea, una chica que creció en el campo, iba a caer en sus redes. Así que tomé el ramo y lo lancé por el balcón que daba a las zonas de recreación y albercas.

Todo el mundo se enteró del desaire con asombro porque nadie se había atrevido a hacerlo. Un poco después, intentó nuevamente acercarse. Fui llevada a lo que yo creí que era una fiesta y resultó otra cosa. Tuve que salir de ahí en un taxi, otra vez muy enojada, pero satisfecha de defenderme a mí misma. Aunque sí fui la primera en ponerle un alto, no fui la última con la que él lo intentó.

En el concurso también estuve a punto de morir. Nos llevaban a un resort en Puerto La Cruz para grabar un especial, en el cual el público podía conocer a cada chica: sus gustos, sus aspiraciones, sus estudios. Se complementaba con tomas de nosotras haciendo diferentes deportes y actividades. A mí me tocó la "banana"; ésa que jalan con una lancha de motor, la cual se volteó y todas fuimos a dar al agua. El problema fue que la pierna de otra concursante —una chica que estaba por titularse de doctora— se me atoró en la ropa a la altura del pecho. Ella obviamente trataba de salir, pero sus movimientos me hundían cada vez más y los miembros del equipo de salvamento que habían llegado no me veían y no me podían ayudar. Empecé a tragar agua, por tanto, tuve que hacer un esfuerzo supremo para zafar su pierna de mi ropa y llegar a la superficie.

No gané el concurso Miss Venezuela pero sí fui nombrada por Osmel Sousa como Miss Venezuela Internacional, lo cual me permitía representar a mi país en Miss Café, otro concurso con participantes de todo el mundo. Sin embargo, tomé la decisión de no ir a ése por mis compromisos en el modelaje. Y es que ése fue mi verdadero premio: la confianza en mí misma que no tenía antes. Superar las condiciones adversas y valorarme por comparación con otras chicas fue decisivo para mi crecimiento.

Con la proyección que me dio el concurso hubo oportunidad de hacer más comerciales y sesiones de modelaje. Hice el papel de madre joven en la telenovela *María Celeste*, donde mi personaje

> Y es que ése fue mi verdadero premio: la confianza en mí misma que no tenía antes.

aparecía sobre todo en los recuerdos de la protagonista. En 1994 llegó mi ansiada oportunidad para demostrar mis habilidades histriónicas, pues fui la antagonista, Linda Prado, en la exitosa telenovela *Morena Clara* que se grabó en 1994.

En la grabación de esta telenovela viví un incidente que me ganó el aprecio de mis compañeros técnicos. Uno de los actores principales, que tenía una escena un tanto sensual conmigo, hizo una apuesta con los técnicos diciendo que al momento de besarme iba a meter la lengua en mi boca y que yo no diría nada. Era una especie de novatada o "bautizo" que al parecer acostumbra hacer a las actrices más jóvenes o nuevas. En la escena famosa, yo tenía una bata muy sexy, semiabierta —me la pegaron con cinta adhesiva— y él me pasaba por el cuerpo un hielo; luego me besaba. Por supuesto, tal como se había propuesto, me metió la lengua al momento de besarme; yo reaccioné de inmediato y lo mordí. Las carcajadas en el estudio no se hicieron esperar. Los técnicos adoraron lo ocurrido.

Tortilla de claras
con avena

Ingredientes para 2 porciones

5 claras de huevo
½ taza de avena instantánea
½ cucharadita de mantequilla
2 cucharadas de miel de abeja

Procedimiento

1. Bate las claras de huevo a punto de nieve. Agrega la media taza de avena sin dejarla de batir hasta que se incorpore bien.
2. Coloca a fuego bajo un sartén con la mantequilla; cuando se caliente, vierte en él la mezcla de claras con avena, tapa el sartén y deja cocer la tortilla durante 15 minutos hasta que se esponje. Voltea la tortilla, deja que se cocine durante 1 minuto más y retírala del fuego.
3. Sirve la tortilla de claras con la miel.

Para añadir más sabores, agrega a la mezcla de claras batidas pasitas, arándanos, frutos secos, dátiles o nueces.

Este platillo lo puedes cortar en varias rebanadas y guardarlas en bolsas resellables para conservarlas en refrigeración, y después, transportarlas contigo. Ideales para cuando te de un ataque de hambre.

Crema de calabacita

Ingredientes para 6 porciones

½ taza de aceite de oliva extra virgen

2 cebollas grandes fileteadas

12 calabacitas cortadas en rodajas
    de 1 cm

1 cucharada de caldo de pollo en polvo

1 taza de leche en polvo deslactosada

250 g de queso panela bajo en grasa
    cortado en cubos pequeños

Procedimiento

1. Coloca sobre el fuego una olla que tenga tapa; vierte el aceite de oliva, y cuando esté caliente, sofríe en él la cebolla hasta que se dore bien. Agrega las rodajas de calabacitas, tapa la olla y deja que se cuezan durante 30 minutos. Incorpora el caldo de pollo y continúa cocinando durante 10 minutos más.
2. Deja enfriar un poco la preparación y licúa las calabacitas con la leche en polvo.
3. Sirve la crema con los cubos de queso panela encima.

Esta crema la puedes hacer con otros ingredientes en la misma proporción, como pimiento, betabel, calabaza, jitomate, espinacas, brócoli, coliflor o con lo que tú quieras.

Esta receta me encanta, pues tiene un sabor entre dulce y salado. Un día se me ocurrió agregarle chicharrón, para una textura crocante, además de pimiento en conserva y mantequilla. Mis amigos me la piden frecuentemente. Yo misma la he probado en muchas formas, pero esta versión sigue siendo la mejor en mi opinión.

Puedes acompañarla con wasabi y jengibre; es una explosión de sabores.

Callos de hacha
con chicharón

Ingredientes para 3 porciones

6 callos de hacha grandes

el jugo de 3 limones verdes y 1 limón amarillo

las hojas de 1 cebolla cambray picadas

2 dientes de ajo picados finamente

4 cucharadas de mantequilla

1 pimiento rojo en conserva cortado en tiras

3 cucharadas de azúcar mascabado

1 cucharada de vino blanco

½ taza de chicharrón triturado

sal de cava o refinada, al gusto

sal de grano, al gusto

pimienta negra recién molida, al gusto

Procedimiento

1. Coloca los callos de hacha en un refractario y espolvoréalos con las sales y la pimienta. Añádeles el jugo de los limones, las hojas de cebolla cambray y el ajo. Deja que se marinen en refrigeración durante 25 minutos.
2. Sofríe en 3 cucharadas de mantequilla las tiras de pimiento con el azúcar mascabado hasta que esta última se haya derretido bien y forme una salsa con consistencia ligeramente espesa. Añade la cucharada de vino blanco y reserva la salsa.
3. Pon sobre el fuego un sartén con la mantequilla restante y fríe ahí el chicharrón hasta que se dore.
4. Sirve en un platón o charola de presentación los callos de hacha, espolvoréalos con el chicharrón y añádeles encima la salsa de mantequilla con pimiento.

Para variar el sabor, utiliza pimiento fresco en lugar de en conserva.

Ensalada ligera

Ingredientes para 6 porciones

ADEREZO

90 g de queso crema bajo en grasa

½ taza de aceite de oliva extra virgen

1 cucharada de mostaza de tu elección

1 cucharada de vinagre balsámico

1 cucharada de vinagre de sidra de manzana

sal y pimienta al gusto

ENSALADA

12 bastones de surimi cortados en tiras

1 tallo de apio cortado en rodajas finas

1 pimiento del color de tu elección cortado en tiras finas

2 cebollas cambray cortadas en rodajas con todo y hojas

½ lechuga de tu elección cortada en tiras finas

5 aceitunas verdes sin semilla cortadas por la mitad
   o en tiras muy finas

½ taza de cilantro picado finamente

½ taza de perejil picado finamente

¼ de taza de pasas

¼ de taza de nueces troceadas

sal y pimienta al gusto

Procedimiento

1. Mezcla con un batidor globo todos los ingredientes del aderezo.
2. Revuelve el resto de los ingredientes. Añádeles el aderezo, mezcla nuevamente y rectifica la cantidad de sal y de pimienta. Sirve la ensalada.

Puedes comer esta ensalada con tostadas de maíz bajas en calorías o con galletas saladas.

Mi ensalada de quinoa

Ingredientes para 4-6 porciones

VINAGRETA

½ taza de vinagre balsámico

½ taza de aceite de oliva extra virgen

2 cucharadas de vinagre de sidra de manzana

el jugo de 1 limón

sal y pimienta al gusto

ENSALADA

250 g de quinoa

2 latas de atún en agua, drenadas

½ taza de champiñones troceados

1 taza de jitomates *cherry* amarillos y rojos
     cortados por la mitad

¼ de taza de arándanos

½ taza de perejil picado finamente

1 pera sin cáscara cortada en cubos pequeños

Procedimiento

1. Mezcla con un batidor globo todos los ingredientes de la vinagreta.
2. Cuece la quinoa en agua hirviendo durante 12 minutos. Cuélala, sumérgela en agua fría y vuélvela a colar. Mézclala con el resto de los ingredientes y con un poco de la vinagreta. Rectifica la cantidad de sal y de pimienta.
3. Sirve la ensalada con el resto de la vinagreta aparte.

Cachapas a la Gaby

Ingredientes para 10-15 cachapas

1 kg de elotes, desgranados

1 cucharadita de sal

2 cucharadas de azúcar

1 huevo

2 cucharadas de harina de trigo

½ taza de queso Cotija rallado

1 cucharada de leche en polvo

cantidad suficiente de mantequilla

cantidad suficiente de queso Oaxaca
    deshebrado

Procedimiento

1. Licúa los granos de elote. Con la licuadora trabajando, agrega poco a poco el resto de los ingredientes hasta obtener una mezcla espesa. Rectifica la sazón; debe quedar semidulce.

2. Pon sobre el fuego un sartén con mantequilla; cuando esté caliente, añade un cucharón de la mezcla de elote para cocinarla como si fuera *hot cake*. Dale la vuelta a la cachapa cuando la parte inferior se haya dorado y añádele encima el queso Oaxaca; ciérrala como una quesadilla y retírala del sartén cuando el queso se haya derretido. Repite este paso con el resto de la mezcla.

3. Sirve las cachapas tibias.

Prepara cachapas miniatura. Además de ser deliciosas,
¡las comerán tú y tus invitados de un bocado!

Ensalada estilo ruso
a mi manera

Ingredientes para 6 porciones

½ taza de aceite de oliva

½ taza de mayonesa

½ taza de mostaza

200 g de zanahorias, peladas, cocidas
y cortadas en cubos pequeños

1 betabel pelado, cocido y cortado en cubos
pequeños

4 huevos duros cortados en cubos pequeños
+ 2 cortados en cuartos

1 papa grande pelada, cortada en cubos
pequeños y cocidos

2 cebollas cambray picadas finamente
con sus hojas

sal y pimienta al gusto

6 gajos de manzana amarilla

Procedimiento

1. Bate el aceite de oliva con la mayonesa, la mostaza y sal y pimienta al gusto.
2. Mezcla los ingredientes restantes, excepto los cuartos de huevo duro y los gajos de manzana. Incorpórales la mezcla de mayonesa.
3. Sirve la ensalada decorada con los cuartos de huevo duro y los gajos de manzana.

Otra forma para decorar esta ensalada es con hojas de cilantro picadas
o enteras. El sabor le va de maravilla.

Pan de jamón

Esta receta me encanta, sobre todo en la Navidad, pues forma parte del plato típico de temporada en Venezuela.
Muchos de mis seres queridos me dicen: "Queremos el pan de Gaby". ¡Es un gran honor para mí!
Últimamente he ido a varias exposiciones de belleza para mostrar mis cremas. Durante una expo en diciembre
me llevé dos panes de jamón para que mi equipo y yo merendáramos. Como ocurrencia, les dimos a probar a los asistentes.
Les encantó a todos los mexicanos, y pronto empezaron las llamadas por teléfono para encargarme algunos.
Me dio mucha risa, y les decía que yo no hacía estos panes para vender. Insistían: "Gaby, ¿cómo le hacemos?"
Así se volvió famoso mi pan de jamón con mi toque personal.

Ingredientes para 2 panes grandes

MASA

220 ml de leche

60 g de mantequilla

550 g de harina de trigo + cantidad
suficiente para enharinar

1 ½ sobres (16 g) de levadura instantánea

2 cucharadas de azúcar mascabado

2 cucharaditas de sal

2 huevos ligeramente batidos

ARMADO

226 g de papilla de manzana comercial
para bebé

500 g de rebanadas de jamón tipo York

500 g de rebanadas de jamón serrano

250 g de aceitunas verdes sin semilla

250 g de ciruelas pasas

¼ de taza de alcaparras

Procedimiento

MASA

1. Mezcla la leche con la mantequilla y caliéntalas en el microondas hasta que la leche comience a hervir. Resérvalas.

2. Mezcla la harina con la levadura, el azúcar mascabado y la sal y forma un volcán con esta mezcla en una superficie plana. Hazle un hueco en el centro y vierte ahí los huevos. Comienza a mezclar los huevos con la mezcla de harina del derredor, al mismo tiempo que añades paulatinamente la mezcla de leche con mantequilla y amasas todos los ingredientes; la mezcla de leche debe estar bien caliente. Cuando obtengas una masa homogénea, continúa amasándola hasta que esté suave y tersa.

3. Coloca la masa en un tazón, cúbrela con plástico autoadherente y déjala reposar en un lugar cálido durante 1 hora.

ARMADO

1. Enharina una superficie amplia y plana. Coloca en ella la masa y extiéndela con un rodillo hasta que tenga un grosor de medio centímetro, un largo de 50 centímetros y un ancho de 25 centímetros aproximadamente. Divide la masa en dos cuadrados. Asimismo, separa en dos porciones todos los ingredientes, una para cada pan.

2. Extiende en uno de los cuadrados la papilla de manzana y distribúyele encima las rebanadas de jamón tipo York y serrano. En el borde del cuadrado frente a ti distribuye la mitad de las aceitunas y en la mitad de éste la otra mitad de aceitunas. Junto a las aceitunas y de la misma forma que éstas, distribuye las pasas.

3. Comienza a enrollar sobre sí mismo el lado del cuadrado frente a ti y sigue de esta forma, compactando un poco el enrollado, hasta que te falte poco para llegar al otro extremo. Dobla las puntas del rollo hacia el centro y termina de enrollar, sellando el borde final con agua.

4. Pica con un tenedor toda la superficie del rollo y repite los pasos 5 y 6 con los ingredientes restantes.

5. Hornea los panes a 180 °C entre 35 y 40 minutos o hasta que se doren.

Hallacas

Ingredientes para 25 hallacas

RELLENO

3/4 de taza de pasta de achiote comercial

180 ml de aceite de oliva

¼ de pimiento rojo cortado en cuadros pequeños

¼ de cebolla blanca cortada en cuadros pequeños

¼ de cebolla morada cortada en cuadros pequeños

3 dientes de ajo rallados

250 g de carne de pechuga de pollo cocida y deshebrada

250 g de lomo de cerdo cocido y cortado en cubos medianos

375 g de carne de res cocida y cortada en cubos medianos

125 g de tocino picado en cuadros pequeños

500 ml de puré de jitomate natural

3 cucharadas de pasitas

3 cucharadas de aceitunas verdes sin semilla picadas finamente

MASA

750 g de harina de maíz precocida comercial

25 hojas de epazote

25 hojas de laurel

1 cucharada de consomé de pollo en polvo

sal y pimienta al gusto

cantidad suficiente de cordel o hilo cáñamo

ARMADO

4 huevos duros cortados en rodajas

½ pimiento rojo cortado en tiras finas

100 g de carne de pechuga de pollo cocida y deshebrada

100 g de pasitas

5 cucharadas de aceitunas verdes sin semilla picadas

¼ de cebolla blanca fileteada

25 rectángulos de hoja de plátano de 5 × 7 cm, asados

25 cuadros de hoja de plátano de 20 cm por lado, asados

100 ml de aceite con achiote, colado

cantidad suficiente de cordel

Procedimiento

RELLENO

1. Mezcla el achiote con el aceite en una cazuela y colócala sobre el fuego; deja que la mezcla hierva hasta que se deshagan todos los grumos. Cuela la preparación y sepárala en tres partes; una de ellas será para el relleno, otra para la masa, y otra para el armado.
2. Coloca sobre el fuego una cazuela grande en donde quepan todos los ingredientes. Vierte en ella el achiote con aceite y sofríe el pimiento, las cebollas y el ajo. Añade las carnes, el tocino y sal al gusto, y deja que se doren los ingredientes, moviéndolos ocasionalmente. Vierte el puré de jitomate, baja la intensidad del fuego al mínimo y deja que la preparación se cueza durante 20 minutos.
3. Añade las ciruelas, las aceitunas y las alcaparras, y deja la preparación sobre el fuego durante 10 minutos más.
4. Agrega a la preparación 125 g de harina de maíz precocida, y sin dejarla de mover, cocínala durante 5 minutos más. Retírala del fuego, añádele las hojas de epazote y laurel y rectifica la cantidad de sal. Resérvala.

MASA

1. Mezcla el aceite con achiote con el consomé de pollo en polvo, sal al gusto y un poco de agua. Agrega poco a poco a esta mezcla la harina de maíz restante, amasando y añadiendo agua conforme sea necesario, para que obtengas una masa suave, compacta, de un color amarillo fuerte y fácil de manipular. Divídela en 25 porciones, forma esferas con ellas y resérvalas.

ARMADO

1. Coloca en recipientes individuales todos los ingredientes del armado.
2. Vierte agua en una cazuela grande extendida hasta la mitad de su capacidad y ponla sobre el fuego.
3. Coloca sobre una superficie plana un rectángulo de hoja de plátano de forma horizontal, y encima de éste, centrado, un cuadro de hoja de plátano. Unta la superficie del cuadro con un poco de aceite con achiote. Pon en el centro de la hoja una esfera de masa y aplástala bien. Añade al centro de ésta un poco del relleno y un poco del resto de los ingredientes. Cierra la hallaca doblando los cuatro bordes de la hoja hacia el centro y amárrala con varias vueltas del cordel. Al final, deja un trozo largo de cordel para que puedas retirarla fácilmente del agua de cocción. Repite este paso con el resto de los ingredientes.
4. Cuece las hallacas en el agua hirviendo durante 45 minutos.

Las hallacas son tamales que en Venezuela se acostumbra consumir en Navidad. Desde niña crecí con esta tradición; recuerdo que se ponían mesas gigantes en el patio, encendíamos un fogón y se ahumaban las hojas de plátano. Cada persona tenía una misión: alguien se encargaba de limpiar las hojas, otro cortaba las cebollas o los pimientos, otro se encargaba de la masa, alguien más de amarrar los tamales y así sucesivamente; se tomaba Ponche crema (ver pág. 122) y se madrugaba. Este platillo se consume en Venezuela durante todo diciembre y parte de enero; hay gente que las congela hasta marzo y abril. Se pueden acompañar de ensalada de gallina, pernil al horno y pan de jamón.

Pan toscano integral

Ingredientes para 2 panes

500 ml de agua

1 taza de aceite de oliva extra virgen

1 kg de harina de trigo integral

1 cucharada de azúcar

1 cucharada de sal

11 g de levadura instantánea, deshidratada

Procedimiento

1. Mezcla el agua con el aceite de oliva y caliéntalos en el microondas durante 3 minutos.
2. Mezcla en un tazón la harina de trigo con el azúcar, la sal y la levadura. Comienza a añadirle el agua con el aceite para incorporarlos. Cuando obtengas una masa uniforme, amásala hasta que ya no se pegue a tus manos y esté tersa.
3. Forma una esfera con la masa, engrasa ligeramente el tazón y colócala allí. Cubre la masa con un paño húmedo y déjala reposar durante 1 hora.
4. Precalienta el horno a 180 °C.
5. Enharina una superficie plana y amasa en ella nuevamente la masa durante un par de minutos. Dale forma de esfera otra vez, colócala sobre una charola con papel encerado, hazle dos cortes superficiales en forma de cruz en la superficie.
6. Hornea el pan a 180 °C entre 50 minutos y 1 hora.

Antes de meter el pan al horno, rocía el interior de éste con agua con un atomizador. Eso hará que la costra del pan quede bien crujiente.

Durante el horneado no abras el horno, para asegurar que el pan crezca bien.

Peras al vino tinto
con crema de coco

Ingredientes para 6 porciones

CREMA DE COCO
½ taza de azúcar
½ taza de agua
½ taza de mantequilla
480 g de crema de coco

PERAS AL VINO TINTO
2 l de vino tinto
100 g de piloncillo
3 clavos de olor
1 pizca de nuez moscada
3 rajas de canela
1 pizca de sal
6 peras casi verdes, grandes
500 g de azúcar mascabado
hojas de menta para decorar

Procedimiento

CREMA DE COCO
1. Mezcla en un sartén el azúcar con el agua y colócalo sobre el fuego. Deja que el azúcar se cocine hasta que obtengas un almíbar ligero. Añade la mantequilla batiéndola bien, y después, añade la crema de coco. Retira la preparación del fuego y déjala entibiar.

PERAS AL VINO TINTO
1. Hierve a fuego bajo en una olla pequeña el vino con el piloncillo, los clavos, la nuez moscada, la canela y la sal hasta que el vino se reduzca a la mitad.
2. Pela las peras y agrégalas al vino. Baja la intensidad del fuego, tapa la olla y deja cocer las peras entre 45 minutos y 1 hora.
3. Retira las peras del vino y deja este último sobre el fuego hasta que adquiera una consistencia de almíbar.
4. Sirve las peras con un poco de su almíbar y la crema de coco.

Bizcochitos

Ingredientes para 75-100 bizcochitos

1 taza de azúcar glass + cantidad suficiente
   para espolvorear
1 taza de harina de trigo
6 claras de huevo
6 yemas de huevo

Procedimiento

1. Cierne el azúcar glass con la harina de trigo y divide la mezcla en dos partes.
2. Coloca papel encerado en varias charolas para hornear. Precalienta el horno a 175 °C.
3. Bate las claras a punto de nieve y resérvalas. Haz lo mismo con las yemas, a punto de listón.
4. Agrega una parte de la mezcla de harina a las yemas con movimientos envolventes. Haz lo mismo con la otra parte de harina y las claras. Integra ambas mezclas con movimientos envolventes.
5. Vierte la mezcla dentro de una manga con duya redonda y forma sobre las charolas bizcochitos en forma de platillas o soletas.
6. Hornea los bizcochitos °C durante 12 minutos. Sírvelos espolvoreados con azúcar glass.

Jalea cruda de mango

Ingredientes para 6 porciones

6 mangos un poco verdes
500 g de azúcar
1 pizca de sal
esencia de vainilla al gusto

Procedimiento

1. Hierve los mangos en agua durante 2 horas. Sácalos del agua y, cuando se entibien, retírales la cáscara y frótalos contra un colador de acero para obtener la pulpa.
2. Agrega a la pulpa el azúcar, la sal y la esencia de vainilla; bátela con una batidora hasta obtener la consistencia de un pudín o una crema.
3. Sirve la jalea en vasitos individuales.

Con esta espectacular crema puedes rellenar una tarta
o acompañarla con bizcochitos.

Mis buñuelos de yuca

Ingredientes para 12 porciones

500 ml de agua
50 g de piloncillo
1 raja de canela
5 clavos de olor
240 g de crema de coco
1 kg de yuca pelada
cantidad suficiente de aceite vegetal para freír
1 huevo
½ taza de harina de trigo
½ taza de azúcar glass
½ taza de leche deslactosada en polvo
1 taza de queso Cotija rallado

Procedimiento

1. Hierve el agua con el piloncillo, la canela y los clavos de olor. Cuando la preparación tenga la consistencia de un jarabe a punto de hebra, agrega la crema de coco y mézclala bien. Reserva esta salsa.
2. Cuece la yuca con agua en una olla exprés durante 1½ horas, contando el tiempo a partir de que el vapor comience a escapar. Retira la yuca del agua y déjala que se entibie.
3. Coloca sobre fuego bajo un cazo o sartén con el aceite.
4. Retira la vena central de la yuca y pásala a través de un pasapuré. Mezcla el puré de yuca con el huevo, la harina de trigo, el azúcar glass, la leche en polvo y el queso Cotija. Amasa los ingredientes hasta que obtengas una masa homogénea y forma con ella esferas de entre 3 y 4 centímetros.
5. Fríe en el aceite caliente los buñuelos por tandas hasta que queden crocantes. Colócalos sobre papel absorbente.
6. Sirve los buñuelos con la salsa de coco.

Licor de anís con ruda

Ingredientes para 1.5 litros

500 ml de agua

500 g de azúcar mascabado

2 clavos de olor

500 ml de licor de anís

3 retoños de ruda

Procedimiento

1. Hierve el agua con el azúcar y los clavos hasta que obtengas un jarabe a punto de hebra; es decir, cuando al poner un poco de éste en agua fría, al sacar un poco de él con los dedos índice y pulgar y después separarlos, se forme una hebra continua de jarabe.
2. Mezcla el licor de anís con el jarabe y los retoños de ruda. Deja reposar el licor durante 1 semana antes de consumirlo.

Ponche crema casero

Ingredientes para 1.5 litros

8 yemas de huevo

nuez moscada al gusto

1 cucharada de esencia de vainilla

2 tazas de leche

794 g de leche condensada

½ taza de ron

canela molida al gusto

Procedimiento

1. Bate las yemas con la nuez moscada y la vainilla.
2. Vierte la leche en una olla sobre fuego bajo; cuando esté caliente, sin que hierva, agrega la leche condensada y espera a que la mezcla se caliente de nuevo. Incorpora la mezcla de yemas y retira la preparación del fuego. Déjala a temperatura ambiente hasta que se entibie y después métela al refrigerador durante 1 hora.
3. Agrega el ron al ponche, mezcla bien y vacíalo en una botella o frasco con tapa. Sírvelo con canela molida.

Este ponche es una delicia de bebida que en mi familia se acostumbraba servir en la época navideña para recibir a los amigos o a la familia que nos visitaban. Es una bebida perfecta para dar la bienvenida a tus seres queridos.

Venezuela

Mi tierra por siempre

Es hermoso caminar por la plaza Francia, en Caracas.

Los Llanos Centrales, ¡donde crecí y disfruté mi niñez!

¿Qué puedo decir de mi tierra adorada? Siempre tengo buenos recuerdos de mi infancia en Ortiz y de mi adolescencia en Caracas. Sin duda, en Venezuela encontré tierra fértil para que mi amor por la cocina naciera y al hablar de mi país es inevitable recordar platillos emblemáticos como las arepas o las hallacas.

Sin duda, la arepa es un icono venezolano, así como en México son los tacos. No hay persona en mi país que no disfrute una deliciosa arepa; y claro, si son tan versátiles como deliciosas. Las arepas se preparan con harina de maíz y se pueden hornear, freír o cocer a la plancha, para luego comerse solas o rellenas. Las combinaciones que se logran son magníficas y los nombres que se les han dado son divertidos y curiosos. Entre las recetas que incluí en este libro está la arepa reina

pepiada, que fue creada en 1955 en honor a Susanna Dujim, la primera venezolana y latinoamericana en ganar el concurso Miss Mundo. ¡Qué gran halago que se invente un platillo tan amado en Venezuela para reconocer tus logros! Esta arepa originalmente se rellenaba de una ensalada de

Un plato con arepas siempre es irresistible.

En Venezuela, sin hallacas, ¡no hay Navidad!

Preparando arepas en familia.

carne de gallina, aguacate y chícharos, pero hoy es común que sólo sea pollo deshebrado con mayonesa y aguacate. Otra arepa clásica es la pelúa, que consiste en carne deshebrada con queso amarillo; su nombre se debe a que las hebras de carne y queso se parecen a una cabellera. Una de las arepas favoritas en Venezuela es la pabellón, nombrada así por el plato del mismo nombre que consiste en rebanadas de plátano, frijol negro, carne deshebrada y queso blanco rallado. Y cómo olvidar la arepa rompe colchón, rellena de mariscos y a la que se le atribuyen propiedades afrodisiacas, de ahí el sugestivo nombre.

La cocina venezolana no se entendería sin las hallacas, que son tamales de maíz envueltos con hojas de plátano. Estos manjares son un platillo clásico de la Navidad y en su proceso interviene toda la familia, pues su preparación es laboriosa; al final, el resultado es glorioso y se agradecen las horas de esfuerzo. Las hallacas son el ejemplo de cómo los países latinoamericanos hemos integrado en nuestras cocinas elementos de diversas latitudes y culturas; para el caso de las hallacas, las hojas de plátano y la masa de maíz represen-

tan la aportación del continente americano, mientras que el relleno —compuesto por carne de pollo, cerdo y res, más aceitunas, alcaparras y pasas— expresan el mestizaje que ocurrió en nuestro país. Siempre espero con ansias la Navidad para preparar este platillo, y recordar lo lindo que es cocinar en familia, todos aportando su granito de arena en la preparación.

Si hay algo que adoro de la cocina venezolana son sus postres, que se conocen como postres criollos o confitería criolla. Y ya lo he dicho: ninguna persona prepara dulces tan deliciosos como mi madre; por ella creo que me gusta prepararlos

El hermoso domo dorado del Capitolio Federal.

Vista magnífica desde el Monumento de los Próceres

aunque también es posible encontrarlo el resto del año.

La confitería criolla me recuerda por momentos a los dulces típicos mexicanos, por su gran sabor, colorido y aprovechamiento de los ingredientes de cada zona. Fue por eso que incluí entre las recetas dulces el rúscano, que se consume principalmente en los Llanos Centrales. La peculiaridad de este dulce es que su consistencia se logra al extraer la gelatina de los huesos de la pata de res; debido a que es una preparación laboriosa y muy artesanal, cada vez son menos las personas que los preparan, por lo que sería una tristeza perder una gran receta como ésta y fue así que decidí incluirla para continuar con este legado culinario.

Venezuela, con sus 24 entidades federales distribuidas en nueve regiones, refleja una gran riqueza que nunca ha dejado de sorprenderme; ya sea que coma un pescado fresco en la Isla Margarita o que regresen a mí las memorias de mi infancia en Ortiz. Al percibir el aroma de un mango, saborear la acidez de la maracuyá o deleitarme con tostones de plátano fritos, mi corazón se vuelca de alegría por reconocer los sabores que identifican a mi querida Venezuela.

para consentir a mis amigos. Ya sea que tengan frutas como plátano, maracuyá, guayaba o piloncillo, pan y huevo, los dulces venezolanos son deliciosos. El majarete es uno de los emblemas de la cocina dulce venezolana y su consumo es popular en la región de los Llanos Centrales, donde nací y me crié.

Aunque hay personas que lo nombran manjarete —refiriéndose a la palabra manjar— es más común llamarlo majarete. Este postre se prepara a base de coco y piloncillo, y se espesa con harina de maíz. Se cree que es un postre de origen colonial y hoy sigue siendo uno de los favoritos en las mesas venezolanas, especialmente en la Cuaresma,

La Isla Margarita ofrece sustento diario a los pobladores.

Estrella en Venezuela

Rumbo al éxito profesional. Fotografía: Uriel Santana.

Con mi padre, mi tío Cecilio y mi prima Caterine.

En 1994 obtuve el protagónico en *Como tú ninguna*. Ahí encarné a Gilda Barreto; el protagonista masculino era Raúl de la Peña, interpretado por Miguel de León. Esta novela tiene el récord de duración de las telenovelas venezolanas, pues se alargó por dos años. La protagonista vivió tantas situaciones extremas y tristes, las cuales soportaba con resignación "ejemplar", que se acuñó la frase: "Más pavosa que Gilda Barreto". Otra de las consecuencias de la duración de esta novela fue

¡La mesa está servida!

Me enamoré del protagonista.

Mi paella a La usurpadora siempre es un éxito.

que me enamoré del protagonista; después de todo pasábamos muchísimas horas juntos.

Esta telenovela tuvo dos guionistas: Alberto Gómez, y luego, Carlos Romero. Trabajar con este último me redundó después en más oportunidades, ya que él es uno de los escritores de telenovelas más reconocidos en toda Latinoamérica.

El éxito de *Como tú ninguna* fue enorme no sólo en Venezuela, sino que se vendió a ochenta países. Gracias a ella recibí premios como Actriz Joven del Año de la Casa del Artista, Premio Antoni's de Oro y el Premio Gaviota de Oro; de Telecaribe, el de Mejor actriz joven de 1995, así como ser el rostro de la televisión de la revista *Páginas*.

Tiempo después, en 1996, empezó la grabación de *Quirpa de tres mujeres* donde hacía el papel de

Con mi madre Norma.

En uno de mis viajes a Brasil.

una llanera de nombre Emiliana. En ese papel tuve que sacar fuerza de mi coraje para lograr que funcionara una escena. El papel me exigía montar a caballo. Me dieron una yegua y nadie me dijo en ese momento que era una yegua a la que acaban de separar del hijo, y estaba brava. La yegua me tiró varias veces durante las grabaciones. A la tercera caída, fue tal mi coraje que me levanté y le puse tal cachetada que no me volvió a derribar.

El siguiente proyecto en el que trabajé fue *Todo por tu amor*, donde el reto fue incursionar en la

"Yo soy una cosa divina"

La familia Spanic.

Con mi madre, dos de mis primos y Miguel de León.

comedia sin dejar el tono de melodrama de una telenovela. Recuerdo con cariño inmenso a mi Amaranta. La frase de este personaje inolvidable se volvió parte del habla de la gente: "Yo soy una cosa divina", la cual se oía por todas partes. Incluso se lanzó un concurso de Mini Amaranta. Aunque al principio no me gustaba mucho usar las pelucas que exigía mi personaje, cuando veía a las niñas con pelucas rojas, verdes o azules que querían ser yo, me hacía sentir plena y llena de amor por mi gente.

La peluca azul que usé para ese personaje se convirtió en una especie de tesoro, un símbolo de mi lanzamiento como antagónica con un perfil cómico que no había desarrollado antes. Además, fue la primera vez que recibí una carta de un fan desde el extranjero: ¡Desde España me llegaron esas letras! Fue tan emocionante saber que mi trabajo estaba llegando tan lejos. Creo que en ese entonces no me atrevía a soñar tanto.

En esa época también tuvo lugar mi boda con Miguel, el 22 de octubre de 1997, para ser exacta. Como un amor que surgió en medio de los escenarios de la televisión, la boda fue televisada. Fue un gran evento que Venevisión cubrió a través del programa de *Sábado sensacional* de Ricardo Peña. La gente desbordó su cariño hacia nosotros y eso siempre lo llevaré en mi corazón.

Ese mismo año recibí el Premio Magaly Dorta como Mejor Actriz, el Premio Chaima de Oro a la Mejor Actriz Revelación y Chica Chaima Bolívar, así como el Premio de la Casa del Artista.

Ciertamente, el cierre del año fue maravilloso. Las bases para convertirme en una estrella internacional estaban firmes, y nuevas oportunidades más allá de las fronteras de mi país estaban por llegar.

En ese entonces no me atrevía a soñar tanto.

¡Qué delicia!

¡Ups! Con las manos en la masa.

Elaborando rúscano llanero y hallacas, dos platillos tradicionales de mi tierra.

Foto: Alex Vera FotoGastronómica®

Tostadas de atún

Ingredientes para 3-4 porciones

el jugo de 4 limones y de 1 limón amarillo

2 cucharadas de jugo de mandarina

1 cucharadita de wasabi

1 cucharadita de salsa de soya

350 g de atún fresco cortado en cubos
pequeños

1 chile serrano sin venas ni semillas picado
finamente

½ cebolla morada picada finamente

3 rebanadas de piña asada cortada
en cubos pequeños

las hojas de 3 cebollas cambray cortadas
finamente

tostadas al gusto

la pulpa de 1 aguacate cortada
en rebanadas delgadas

sal y pimienta al gusto

Procedimiento

1. Mezcla el jugo de limones con el jugo de mandarina, la mitad del wasabi y la
salsa de soya. Añade el resto de los ingredientes, excepto el wasabi, las tostadas
y el aguacate, y mezcla bien. Rectifica la sazón.
2. Sirve el atún sobre tostadas y decóralas con las rebanadas de aguacate. Sirve
aparte el wasabi restante.

Aros de calamar
con salsa tártara

Ingredientes para 4 porciones

1 taza de mayonesa

5 cebollitas curtidas picadas finamente

1 cucharada de alcaparras picadas

2 cucharadas de pepinillos picados

las hojas de 1 cebolla cambray cortadas
finamente

500 g de aros de calamar crudos

2 claras

2 tazas de harina de trigo

sal y pimienta al gusto

rodajas o gajos de limón amarillo,
al gusto

Procedimiento

1. Mezcla la mayonesa con las cebollitas, las alcaparras, los pepinillos y las hojas de cebolla cambray. Reserva.
2. Pon sobre el fuego un sartén con abundante aceite.
3. Salpimienta los aros de calamar y pásalos por las claras y después uno por uno por la harina. Fríe en tandas los aros de calamar hasta que estén dorados, colocándolos sobre papel absorbente conforme estén listos.
4. Sirve los aros de calamar con la salsa tártara a un lado y con rodajas o gajos de limón amarillo

Si utilizas aceite de coco para freír los aros de calamar es lo ideal, ya que éste otorga diversos beneficios a la salud, como pocos aceites vegetales lo hacen.

Arepa reina pepiada

Algo que disfrutaba mucho cuando apenas iniciaba mi carrera y no tenía coche eran las arepas rellenas de carne mechada con atún o de perico, esta última es una preparación de huevos revueltos con jitomate. Pero mi favorita, que podía degustar en la mañana, en la tarde o en la noche, era la arepa reina pepiada.

Ingredientes para 5-6 arepas

3 aguacates

6 cucharadas de mayonesa

1 diente de ajo rallado

jugo de limón al gusto

600 g de carne de pechuga de pollo
    cocida y deshebrada

1 taza de harina de maíz precocida

1 taza de agua

sal y pimienta al gusto

cantidad suficiente de aceite para freír

salsa picante al gusto

Procedimiento

1. Extrae la pulpa de los aguacates y hazla puré; añádale la mayonesa, el ajo, el jugo de limón y sal y pimienta al gusto. Agrega la carne de pechuga de pollo y rectifica la cantidad de sal, pimienta y jugo de limón; reserva.
2. Mezcla en un tazón la harina de maíz con el agua y sal al gusto. Debes obtener una masa fácil de manipular que no se pegue en las paredes del tazón.
3. Coloca sobre el fuego un sartén o cazo con abundante aceite.
4. Haz con la masa gorditas de 10 centímetros de diámetro y 2 centímetros de grosor aproximadamente. Presiona el centro de cada una con el dedo para formarle un hueco en la superficie; este detalle es peculiar de Venezuela.
5. Fríe las arepas en tandas hasta que queden crocantes.
6. Abre las arepas por un costado y rellénalas con la mezcla de carne de pollo, como una gordita. Sírvelas con la salsa picante que gustes.

Varía la presentación haciendo gorditas miniatura.

La arepa reina pepiada es tradicional en Venezuela. Existen muchos rellenos de arepa tradicionales y otros que cada persona prepara a su gusto, por ejemplo, carne de res deshebrada guisada, atún, carne a la parrilla con salsa de ajo, incluso, queso amarillo rallado, queso Oaxaca o jamón.

Soufflé de bacalao
con plátano macho

Ingredientes para 8 porciones

1 pimiento rojo sin semillas ni venas

½ taza de aceite de oliva extra virgen

8 plátanos machos maduros

3 cucharadas de mantequilla

3 dientes de ajo rallados

½ cebolla blanca picada finamente

500 g de bacalao seco salado remojado previamente, desalado y picado finamente

100 g de jitomates *cherry* amarillos partidos por la mitad

100 g de jitomates *cherry* rojos partidos por la mitad

3 cucharadas de pasitas

3 cucharadas de aceitunas sin semilla partidas por la mitad

1 cucharadita de páprika

6 claras de huevo

½ taza de harina de trigo + 2 cucharadas

cantidad suficiente de mantequilla para engrasar

½ taza de pan molido

½ taza de queso parmesano rallado

Procedimiento

1. Licúa el pimiento con la taza de aceite de oliva extra virgen y resérvalo.
2. Pela los plátanos, córtalos en rodajas y hiérvelas hasta que estén lo suficientemente blandas como para pasarlas por un pasapuré. Mezcla el puré con la mantequilla y resérvalo.
3. Pon sobre el fuego un sartén con el aceite licuado con pimiento. Cuando esté caliente, sofríe el ajo y la cebolla. Después, añádele el bacalao, los jitomates *cherry*, las pasitas y las aceitunas; deja que la preparación se cocine a fuego bajo durante 10 minutos. Agrega la paprika, deja la preparación sobre el fuego 10 minutos más y resérvala.
4. Precalienta el horno a 180 °C.
5. Bate las claras a punto de nieve y añádeles la ½ taza de harina de trigo.
6. Engrasa un refractario con mantequilla. Arma el pastel de bacalao colocando al fondo del refractario la mitad de las claras batidas, encima la mitad de puré de plátano, después el bacalao guisado, luego el puré de plátano restante y finaliza con las claras restantes. Espolvorea el pastel con el pan molido y el queso parmesano.
7. Hornea el pastel durante 25 minutos y termina en la función de *grill* durante 10 minutos más. Si tu horno no cuenta con tal función, hornea el pastel entre 35 y 40 minutos. Sírvelo cuando aún esté caliente.

Una guarnición que va bien con este pastel son aros de poro enharinados y fritos.

Mini hot cakes
con caviar y crema

Ingredientes para 12-15 *hot cakes*

½ taza de queso crema

½ taza de queso mascarpone

la ralladura de 1 limón amarillo

2 cucharadas de miel de maple

1 taza de leche líquida deslactosada

1 taza de harina de trigo

1 cucharada de mantequilla

1 huevo

1 cucharada de azúcar

1 pizca de sal

cantidad suficiente de aceite en aerosol

caviar o hueva de salmón, al gusto

Procedimiento

1. Mezcla el queso crema con el queso mascarpone, la ralladura de limón y la miel de maple hasta que se incorporen muy bien. Vacía esta mezcla en una manga pastelera y refrigérala.

2. Licúa la leche con la harina de trigo, la mantequilla, el huevo, el azúcar y la sal hasta obtener una mezcla homogénea.

3. Rocía un sartén pequeño con aceite en aerosol. Ponlo sobre el fuego y, cuando esté caliente, agrega en él un poco de la mezcla de *hot cakes*. Espera a que se formen pequeñas burbujas y voltéalo. Déjalo cocinar entre 1 y 2 minutos aproximadamente y retíralo del fuego. Repite este paso con el resto de la mezcla.

4. Sirve los *hot cakes* decorados con la crema y el caviar o hueva de salmón.

Te recomiendo utilizar, como yo, un sartén pequeño para mini *hot cakes*, quedan divinos.

Carpaccio
de salmón ahumado

Ingredientes para 5 porciones

500 g de láminas de salmón ahumado

5 huevos de codorniz cocidos, cortados por la mitad

¼ de taza de alcaparras pequeñas

¼ de taza de almendras troceadas

¼ de taza de arándanos deshidratados

la ralladura de 1 limón amarillo

3 cucharadas de aceite de oliva extra virgen

pimienta negra recién molida, al gusto

Procedimiento

1. Sobre los platos donde presentarás el *carpaccio* distribuye las láminas de salmón ahumado y espolvoréales pimienta al gusto. Distribuye encima los huevos de codorniz, las alcaparras, las almendras, los arándanos y la ralladura de limón. Vierte sobre todos los ingredientes el aceite de oliva, ¡y a disfrutar!

Aumenta la explosión de sabores de este *carpaccio* añadiéndole hojas de cebolla cambray picadas finamente, vinagre balsámico, salsa de soya y mantequilla derretida. ¡una delicia!

Si comerás esta entrada con amigos, acompáñala con rebanadas de Pan toscano (ver pág. 112) y una copa de vino rosado. Tus invitados quedarán maravillados.

Pescado con capeado
de chicharrón y vegetales al curry

Singapur parece como de cuento, un lugar mágico. Su cultura y su arquitectura, desde el aeropuerto, me parecieron fascinantes. Me encantó comer el pescado con vegetales y fideos al curry. En mi versión capeo el pescado con chicharrón y vegetales al curry. Me pareció una fusión muy interesante para darle el toque crocante del chicharrón. ¡Me vuelve loca su sabor!

Ingredientes para 6-8 porciones

500g de filetes de tilapia cortados en tiras

2 huevos

hojas de albahaca fresca picadas finamente

1 taza de aceite de oliva extra virgen

1 taza de de harina de maíz precocida

1 taza de chicharrón triturado

3 cucharadas de mantequilla

3 dientes de ajo rallados

2 zanahorias cortadas en tiras finas

2 cucharadas de curry

1 cucharada de azúcar

1 cucharada de jerez

1 pimiento verde cortado en tiras finas

2 calabacitas cortadas en tiras finas

2 cebollas cambray con hojas picadas finamente

2 cucharadas de salsa de soya + cantidad suficiente para servir

½ taza de brotes de soya

sal y pimienta al gusto

Procedimiento

1. Salpimienta las tiras de pescado; bate los huevos con la albahaca.
2. Precaliente el aceite en un sartén.
3. Empaniza las tiras de pescado, una por una, pasándolas por la harina, el huevo y el chicharrón triturado. Fríelas en tandas en el aceite de oliva. Resérvalas sobre papel absorbente.
4. Sofríe en la mantequilla los dientes de ajo, la zanahoria y el curry durante un par de minutos. Añade el azúcar y el jerez. Después de 1 minuto, añade el pimiento, la calabacita y la cebolla cambray para que se cocinen durante 3 minutos.
5. Agrega la salsa de soya, los brotes de soya y salpimienta al gusto. Deja la preparación sobre el fuego unos 3 minutos más y retírala.
6. Sirve en un plato los vegetales cocinados y coloca encima las tiras de pescado capeado. Acompaña con salsa de soya al gusto.

Albóndigas de queso gruyère
con pudín de mango

Ingredientes para 4 porciones

SALSA

2 cucharadas de mantequilla

2 cucharadas de azúcar

2 cucharadas de vinagre de sidra
de manzana

½ pimiento rojo cortado en cuadros
pequeños

500 ml de pulpa de mango

1 cucharada de páprika

1 cucharadita de goma xantana

ALBÓNDIGAS

500 g de carne molida de ternera

1 cucharada de ajo en polvo

½ taza de pan molido

½ cebolla rallada

1 huevo

sal y pimienta al gusto

cantidad suficiente de aceite oliva
extra virgen

250 g de queso *gruyère* cortado
en bastones

cantidad suficiente de ramas de romero

Procedimiento

SALSA

1. Coloca sobre el fuego un sartén con la mantequilla, el azúcar, el vinagre de sidra de manzana y el pimiento; mezcla y deja que la preparación se cocine hasta que tenga consistencia de almíbar.

2. Licúa la preparación anterior con la pulpa de mango y cuélala. Añádele 1 cucharadita de goma xantana y licúala de nuevo para obtener la consistencia de pudín. Si no obtuviste esa consistencia, agrega otra cucharadita y repite el procedimiento las veces que sea necesario. Reserva la salsa.

ALBÓNDIGAS

1. Precalienta el horno a 180 °C.

2. Mezcla la carne molida con el ajo en polvo, el pan molido, la cebolla rallada, el huevo y sal y pimienta al gusto.

3. Engrasa con aceite de oliva una charola para hornear. Forma con la mezcla de carne albóndigas, colocando en el centro de cada una un bastón de queso *gruyère*. Distribúyelas en la charola, coloca 1 rama de romero sobre cada una y rocíalas con aceite de oliva.

4. Hornea las albóndigas durante 25 minutos.

5. Sirve en platos el pudín de mango caliente y encima las albóndigas.

Acompaña estas albóndigas con Tostones al horno (ver pág. 177).

Asado negro con puré
de papa y trufa negra

Ingredientes para 6 porciones

PURÉ

500 g de papas peladas

1 cucharada de mantequilla

1 cucharada de aceite perfumado de trufa

¼ de taza de crema para batir

sal y pimienta al gusto

ASADO

1 kg de chambarete de res

cantidad suficiente de aceite de oliva extra
    virgen

1 ½ tazas de azúcar mascabado

½ pimiento rojo rallado

½ cebolla morada rallada

los dientes de ½ cabeza de ajo rallados

500 g de jitomate rallado

1 taza de puré de jitomate

½ cucharada de mostaza de Dijon

½ cucharada de cátsup

sal y pimienta al gusto

hojas de salvia fresca picadas, al gusto

trufa negra cortada en láminas o rallada,
    al gusto

Procedimiento

PURÉ

1. Hierve las papas hasta que estén suaves; pásalas por una pasapuré y mezcla el puré con la mantequilla, el aceite de trufa, la crema y sal y pimienta al gusto. Reserva.

ASADO

1. Cubre el chambarete generosamente con aceite de oliva y salpimiéntalo. Cúbrelo con el azúcar mascabado y déjalo reposar durante 20 minutos.

2. Coloca el chambarete en una cacerola amplia que tenga tapa y cocínalo sobre fuego medio, dándole vueltas continuamente hasta que la superficie esté casi quemada.

3. Agrega al chambarete el pimiento y cocínalo durante 2 minutos. Añade la cebolla y el ajo y sofríelos 2 minutos. Finalmente, incorpora el jitomate rallado y el puré, la mostaza y la cátsup. Tapa la cacerola, baja el fuego al mínimo y deja que el chambarete se cueza entre 1½ horas y 2½ horas, moviéndolo ocasionalmente para que no se queme. Al final debe quedar de un color rojo negruzco intenso. Añade las hojas de salvia y retíralo del fuego.

4. Corta el chambarete en rodajas y sírvelas con el puré. Decora con la trufa negra.

Rosquetes a la Spanic

Cuando era novia de Miguel, mi ex esposo, aprendí a hacer con su mamá los rosquetes canarios. Son una delicia, a los que también les he dado mi toque personal.

Ingredientes para 8-10 porciones

500 g de harina de trigo

½ cucharada de polvo para hornear

1½ huevos

la ralladura de ½ naranja

la ralladura de ½ limón verde

½ taza de leche

¼ taza de licor de anís

½ taza de aceite vegetal

cantidad suficiente de aceite para freír

250 ml de agua

1½ tazas de azúcar

semillas de anís al gusto

Procedimiento

1. Mezcla la harina con el polvo para hornear y dale forma de volcán. En el centro hazle un hueco grande y vierte allí los huevos, las ralladuras de naranja y limón, la leche, el licor de anís y la taza de aceite vegetal. Mezcla los ingredientes del centro e incorpora gradualmente la harina hasta obtener una masa uniforme. Amásala hasta que tenga una textura consistente pero suave.

2. Coloca sobre el fuego un cazo o sartén con el aceite para freír.

3. Haz con la masa tiras para después anudarlas sobre sí mismas. Fríe los rosquetes por tandas hasta que se doren y colócalos sobre papel absorbente.

4. Mezcla en una olla con asas el agua, el azúcar y las semillas de anís. Coloca la olla sobre el fuego y cocina la mezcla hasta que adquiera la consistencia de un jarabe a punto de hebra con color ámbar. Retira el jarabe del fuego.

5. Agrega los rosquetes al jarabe, sostén la olla por las asas y muévela como si estuvieras mezclando en un wok, de afuera hacia dentro, con mucho cuidado. Coloca los rosquetes en una rejilla, déjalos enfriar y sírvelos.

Estos rosquetes quedan completamente abrillantados. Son una delicia para acompañar con un café en la mañana o una merienda en la tarde. Deliciosos.

Jalea cocida de mango

Cuando se enfría, la consistencia de esta jalea es firme, como la de un membrillate. Su sabor es inolvidable.

Ingredientes para 10-12 porciones

12 mangos verdes
1 kg de azúcar
2 cucharadas de extracto de vainilla
1 pizca de sal

Procedimiento

1. Hierve los mangos en agua durante 2 dos horas; cuélalos y retírales la cáscara. Frótalos contra un colador de acero para extraerles toda la pulpa.
2. Mezcla la pulpa de mango con el azúcar, la vainilla y la sal; vierte la mezcla en una olla y colócala en el fuego, cocínala, sin dejar de moverla, hasta que ya no se pegue al fondo de la olla.
3. Distribuye la jalea en moldes individuales para gelatina y refrigéralos hasta el día siguiente.
4. Sirve las jaleas en los moldes, o desmóldalas, y decóralas a tu gusto.

Suspiros

Ingredientes para 12 porciones

6 claras de huevo

1½ tazas de azúcar glass

la ralladura de 1 limón verde

½ cucharada de extracto
de vainilla

Procedimiento

1. Precalienta el horno a 150 °C. Cubre un par de charolas para hornear con papel encerado.
2. Bate las claras a punto de nieve. Agrega el azúcar glass poco a poco en forma de lluvia y, después, la ralladura del limón y el extracto de vainilla.
3. Vierte la mezcla en una manga pastelera con duya rizada y distribúyela en las charolas en forma de suspiros.
4. Hornea los suspiros durante 25 minutos. Sácalos del horno, déjalos enfriar y sírvelos.

Rúscano llanero

El sabor del rúscano es un sabor muy particular que recuerdo desde niña. Este dulce es típico de los llanos centrales venezolanos, especialmente en Ortiz en el Estado Guárico. Cada vez que visitaba San Juan de los Morros o la Hacienda de mi tía Rosa, teníamos que estacionarnos en el paradero llamado "la Capilla de José Gregorio Hernández", quien fue un médico venezolano que murió hace muchos años y es considerado milagroso. La gente llega allí para pagar sus promesas y para comer este famoso dulce.

Ingredientes para 12 porciones

4 kg de patas de res

1 kg de azúcar

1 cucharada de extracto de vainilla

1 taza de harina de trigo

1 taza de azúcar glass

Procedimiento

1. Cuece en una olla las patas de res cubiertas con agua durante 2 horas.
2. Cuela las patas de res, cúbrelas nuevamente con agua y deja que hiervan durante 2 horas más.
3. Cuélalas nuevamente y reserva el agua resultante en el refrigerador durante 2 horas. Transcurrido este tiempo, verás que el agua se hizo como una gelatina.
4. Coloca sobre el fuego una olla con la gelatina de las patas de res, el azúcar y la vainilla y cuécela durante 1 ½ horas a fuego medio, moviéndola constantemente. Cuando la mezcla adquiera un color café, apaga el fuego y déjala enfriar un poco, hasta el punto en que tus manos soporten manipularla lo más caliente.
5. Cuelga la masa en un soporte fijo donde puedas maniobrar con ella. Comienza a jalarla y a estirarla repetidas veces hasta que se convierta en una masa chiclosa de color blanco. Cuando la mezcla ya no se quede adherida al soporte en donde la estás jalando y estirando, ni en tus manos, colócala en una superficie espolvoreada con la harina de trigo y el azúcar glass.
6. Forma con la preparación uno o varios cilindros de entre 2 y 4 centímetros y corta con un cuchillo porciones de 3 cm de grosor aproximadamente. Deja reposar los rúscanos durante 1 hora a temperatura ambiente antes de comerlos.

Figura internacional

En grabación en Pátzcuaro.

Uno de los mayores y más enriquecedores proyectos en los que participé fue la telenovela *La usurpadora*. Fue muy importante, no sólo porque el hecho de ser contratada en México marcó claramente que me había convertido en una estrella más allá de mi país, sino que me ayudó a ser conocida en todo el mundo.

Obtener el papel no fue tan fácil, pero al final lo logré. Arquímedes, quien me descubrió con mi vestido de galáctica, me dijo que Carlos Romero, quien había escrito parte de *Como tú ninguna*, se había ido a México y que estaba desarrollando un proyecto importante. A Carlos le pareció que yo podría hacer muy bien el papel.

De cualquier manera, hubo el contacto y vine a México a hacer audición con el productor Salvador Mejía. Alguien me hizo creer que el papel se

Caluroso recibimiento.

lo habían ofrecido a Thalía. Así que yo decía en mi interior: "Santa Thalía, no aceptes; Santa Thalía, no aceptes" para que me quedara yo; pero luego supe que únicamente fue un rumor.

Carlos Romero me dijo que él insistió con la producción en que yo podría con los dos personajes, y casi, que si no era conmigo, no se hacía. Así que

Hungría 2013.

Hungría 2013.

finalmente me dieron el protagónico. En 1998 me vine a vivir a México con Miguel. Pisábamos por fin el conocido entonces como "Hollywood de las Telenovelas".

Este protagónico no era fácil, pues significaba doble trabajo interpretar dos personajes. Por eso yo era quien más tiempo aparecía en pantalla y trabajaba más que nadie. La protagonista buena y sincera se llamaba Paulina; la mala y frívola, Paola. Encarnar ambos roles fue agotador, pero valió la pena todo el esfuerzo. Los frutos exitosos que he cosechado desde entonces gracias a esta actuación son muchos.

La telenovela tiene varios récords, como el *rating* más alto en Estados Unidos y haber sido la más vista a nivel mundial. Fue traducida a 25 idiomas para ser vendida a 125 países.

En 1999, mi hermana Daniela se mudó a México buscando oportunidades. Ella había estudiado computación, diseño de modas y administración. Con su ayuda abrí una escuela de modelaje llamada Instituto de Gaby Spanic. El trabajo con las niñas fue encantador y me hubiera gustado que durara muchos años dando servicio, pero a los pocos meses tuvimos que cerrar, pues los compromisos de promoción internacional de *La usurpadora* me llevaron a giras de muchos meses.

Después del gran éxito en televisión vinieron otras dos telenovelas: *Por tu amor*, donde actué al lado del actor argentino Saúl Lizaso, con quien

Fotografía: José Luis Lozano.

Casa del Indio, 2013.

Festejando con primos y amigos.

Con mi madre.

México, 2010.

En diferentes sesiones fotográficas.

Fotografía: José Luis Lozano

Fotografía: Uriel Santana

Luciendo los colores de Michoacán.

después compartiría créditos en otras producciones, y *La intrusa*, donde compartí créditos nuevamente con Arturo Peniche, pues ya habíamos trabajado juntos en *La usurpadora*.

Además de repetir galán, en *La intrusa* otra vez hice gemelas, pero se trataba de un proyecto diferente. Me gustó sobre todo interpretar a Virginia, pues representaba a una mujer con mucha fuerza para salir adelante. Es el personaje que lucha contra todo para lograr su felicidad y estoy convencida de que muchas mujeres latinas de nuestro tiempo se identifican con mi interpretación. Se trata de encontrar el balance entre personajes fantásticamente reales pero que se pueden actuar con gran intensidad.

Con su ayuda abrí una escuela de modelaje

Casa del Indio, 2013.

Hungría 2013.

Con el atuendo de la Danza de los viejitos.

¡Feliz! En Janitzio.

Reina del festival de Campeche.

luché por salvarlo y que éste superara todos los obstáculos, la verdad es que llegó un momento en que me tuve que dar por vencida. Yo que aspiraba a tener un matrimonio de años como mis padres, con el amor y fuerza del de mis abuelos… tuve que enfrentar la realidad. No éramos felices, al contrario. Fue una de las decisiones más duras y difíciles de mi vida, pero finalmente enfrenté la realidad, no podía seguir casada.

En 2002 me divorcié de Miguel y cambié de televisora, me fui a trabajar con Telemundo NBC. En pocos meses dejé atrás la vida en pareja; a Televisa para la que había trabajado tantos años, pues se había terminado mi contrato de exclusividad, y México, que me había acogido con tanto cariño. Fueron muchos cambios pero eran necesarios para sentirme libre de malos recuerdos y para salir adelante; tenía que enfrentar con garbo y con la cabeza muy en alto los nuevos retos.

A veces no es fácil enfrentar situaciones tristes

Aunque en general yo siempre me he llevado bien con mis compañeros de trabajo y he procurado apoyar a actrices más jóvenes, no he salido bien librada en la prensa. En muchas ocasiones han tergiversado situaciones personales de manera mañosa e incluso con malicia y mentira. Esto me ha pasado a lo largo de toda mi carrera, y a veces no es fácil enfrentar situaciones tristes bajo el ojo de la prensa.

Una de las más dolorosas situaciones que he vivido fue mi fracaso matrimonial. Por más que yo

Empecé en 2003 el primer proyecto con mi nueva cadena Telemundo NBC en Colombia: *La venganza*. ¡Y otra vez me tocó doble papel! Aunque en esta ocasión tenía un toque diferente pues hacía tanto a una madre, Elena, como a su la hija, Valentina, quien era boxeadora. Era una idea original, pues en un momento dado ambas están al borde de la muerte, pero la madre reencarna en la hija y le da así la oportunidad de conseguir sus sueños. Por el éxito la novela se extendió más de lo esperado, y en lugar de meses fue más de un año de grabaciones.

De esa telenovela, además del éxito que fue, recuerdo que enfermé de una terrible infección en el riñón. Todo comenzó con un cuadro de fiebre severo, que al poco tiempo se transformó en un malestar generalizado y un dolor intenso. Aunque ya había tenido un episodio así en el pasado, tuve fe (como solemos hacer) en que fuera algo diferente y que con un poco de descanso estaría mejor. Después de todo estaba muy desgas-

Casa del Indio 2013.

En Brasil.

tada, al ser la protagonista tenía muchas horas de grabación y en esa producción además, íbamos muy pegados al aire, sólo teníamos dos días de colchón.

Fueron muchos cambios, pero eran necesarios para sentirme libre...

Al día siguiente amanecí bastante mal, y me fue imposible estar a tiempo. Sin embargo, me presenté. Con ayuda de analgésicos que no es que me quitaran el dolor del todo, pero que por lo menos me permitieron moverme, logré terminar esa horrible jornada.

Una vez en mi casa recibí la visita de una doctora que enviaron los productores de la telenovela. Confirmó que estaban bien los medicamentos que ya tomaba e insistió en que descansara y tomara mucho jugo de naranja. Ambas instrucciones las seguí.

Aunque logré descansar un poco, la realidad es que al levantarme estaba igual o peor que el día anterior. No podía seguir así, por lo que con ayuda de mi asistente y acompañada por unas amigas fui al hospital.

Luego de un primer examen decidieron que lo mejor era internarme, pues la fiebre estaba muy alta y durante la exploración clínica el dolor en la zona del riñón era absolutamente intolerable. Sin embargo, me hicieron todo tipo de estudios y análisis para completar de forma adecuada el diagnóstico.

La infección en el riñón era muy severa y causó una inflamación que pudo haber sido todavía más peligrosa si no hubiera acudido al hospital. Se habló incluso de que pude haber tenido insuficiencia renal. Tuve que permanecer internada muchos días, muchos más de los que yo hubiera querido, pero mi salud era primordial.

Obviamente, por mi ausencia se tuvo que modificar la telenovela. El escritor tuvo que trabajar

Al final, el escándalo pasó y quedó claro que la gente me aprecia.

Fotografía: Ernesto Coria.

Lo que hago
siempre
es con toda
mi pasión
y energía.

¡Qué recibimiento en el aeropuerto!

Nueva York, 2005.

para transformar las escenas al sacarme de ellas, por lo cual la trama se tuvo que adecuar. A raíz de lo cual se soltaron muchos rumores falsos como que el cambio se debía a que mi trabajo no le gustaba a la gente y cosas así. Luego trataron de hacerme aparecer como incumplida y caprichosa. Parecía que el hecho de que mi vida estuvo en grave peligro no fue importante para ellos. Hubo declaraciones de unos de mis compañeros, alguna por ahí con mala intención; otras declaraciones fueron sacadas de contexto; todas, buscando empañar mi trayectoria.

Hubo medios que trataron de desprestigiarme, aunque hubo otros que sí informaron las cosas como eran. Al final, el escándalo pasó y quedó claro que la gente me aprecia y le gusta mi trabajo porque lo hago con toda mi pasión y entrega.

Tan es así que entre 2003 y 2004 grabé otra telenovela con Telemundo llamada *Prisionera*. En ella también tuve el papel estelar: Guadalupe Santos. Se trataba de la historia de una bella joven sentenciada a prisión al ser condenada por matar al hombre que la violó. Mientras purgaba su condena, la joven da a luz a una niña producto de la violación. Por la situación, se ve forzada a entregar a la pequeña al cuidado de su hermana mayor hasta que consiga su libertad. Quince años después, por fin se le concede el indulto, pero las circunstancias la obligan a escapar y bueno, mil acontecimientos más que mis fieles seguidores de seguro se saben mejor que yo.

Mucha gente recuerda la telenovela *Tierra de pasiones* que fue un proyecto hermoso pues involucraba la conciencia social de defender a los ilegales, especialmente a los mexicanos en Estados Unidos. Compuse y canté el tema de la misma. Tanto la música como la letra son mías.

Yo toco la guitarra de cuatro cuerdas y además he tomado clases de canto desde muy joven. Antes de esa novela ya había sacado un disco con 11 temas, de los cuales siete eran de mi autoría. Después, salió otro disco con temas románticos incluyendo el de *Prisionera* y *Guadalupe*. Posteriormente grabé otro con música de banda.

Aunque obviamente la actuación es mi carrera principal, la verdad es que la música también representa para mí la posibilidad de expresar y comunicar mis sentimientos. En cierto modo es más cercana a mí porque al cantar lo que yo escribo estoy usando mis propias palabras y no las de otro. Yo creo que la gente también se conecta conmigo por eso.

La música me ha llevado a hacer presentaciones en muchos lugares, especialmente en Europa del Este, lo cual es sorprendente al saber que la barrera del idioma se diluye con el cariño de los *fans*. Lo experimenté especialmente en una presentación masiva en un centro comercial de Budapest donde me acompañaron bailarines de allá. Fue un asunto impresionante por la cantidad de personas, su entusiasmo, sus gritos, la forma de corear aunque no hablaran mi idioma. Son de esos recuerdos que se quedan para siempre en la memoria.

En Rumania viví una experiencia asombrosa cuando participé en una telenovela.

En Rumania también viví una experiencia asombrosa cuando participé como actriz en una telenovela grabada allá: *Sólo el amor*. El galán, Lucian Viziru, es guapísimo y, por supuesto, guardo recuerdos maravillosos pues muy pocas actrices latinas han logrado un arraigo así. Además, en Eslovenia fui homenajeada con el premio Víctor Victoria.

La fama en esta zona de Europa en particular, y en general en el mundo, se dio a raíz del éxito de *La usurpadora* que me permitió ser conocida en muchos países. Así que cuando los visito tengo la fortuna de ser tratada con toda suerte de consideraciones.

Con mi abuela Hilda.

En Indonesia me hicieron el honor de develar un busto en mi honor. Me hicieron un recibimiento espectacular que incluyó que me vistieran con la ropa tradicional en una especie de ceremonia que se hace a visitantes distinguidos.

Gracias a esas giras, a lo largo de mi carrera he tenido la oportunidad de visitar gran parte de Latinoamérica: Argentina, Brasil, Perú, Chile, Ecuador, Puerto Rico, Paraguay, Colombia, así como Estados Unidos, España, Rumania, Eslovenia, República Checa, Hungría, Croacia, Serbia, Lituania, además de Indonesia, Singapur, Israel y muchos lugares más.

También estoy muy agradecida porque mi trabajo no sólo me ha traído el cariño del público, sino el reconocimiento a través de muchos premios. En los últimos años, en Colombia el *TV y Novelas* de 2004 como actriz internacional más querida; Premio Orquídea USA (2005) a "Toda una vida actoral"; Premio Palmas de Oro (2005) a la "Trayectoria internacional como actriz protagónica"; Premio *Be-*

Los parranderos en la casa de mi abuela Hilda. Ortiz, 2004.

Venezuela, 2009.

verly Hills Film Festival (2009) como *Latin Star of the Year*, entre los más destacados.

Por esta posición de privilegio, considero muy importante retribuir a la sociedad, así que me he involucrado en varias acciones para recolectar dinero y tomar acciones para combatir diferentes males del mundo. Estuve en el Teletón México 1998, he participado en diversas campañas de la Cruz Roja, además del programa Unidos contra el cáncer; y contra el sida a través de *Join the Fight* (tanto en la parte hispana como en la estadounidense). Finalmente, siento cerca de mi corazón la lucha contra la violencia hacia las mujeres con la Fundación Líderes de la Paz, donde contribuyo hasta hoy en día.

Fotografía: Ernesto Coria.

Ceviche de robalo
con maíz pozolero

Ingredientes para 8 porciones

750 g de robalo cortado en cubos pequeños

2 dientes de ajo rallados

¾ de cebolla morada picada finamente

el jugo de 12 limones verdes

el jugo de 2 limones amarillos

½ taza de vino blanco

1 rama de perejil picada finamente

1 taza de cilantro picado finamente

2 cucharadas de azúcar mascabado

1 cucharadita de salsa de soya

2 cucharadas de aceite de oliva extra virgen

1 taza de maíz pozolero cocido

sal y pimienta al gusto

cantidad suficiente de hojas de lechuga

rodajas de limón al gusto

Procedimiento

1. Mezcla en un tazón de vidrio los cubos de robalo con el ajo, la cebolla y sal y pimienta al gusto; incorpórale el jugo de los limones y deja reposar la mezcla en refrigeración durante 30 minutos.
2. Añade a los cubos de robalo los ingredientes restantes, excepto el aceite de oliva, el maíz pozolero y las hojas de lechuga. Rectifica la sazón.
3. Pon sobre el fuego un sartén con el aceite de oliva; saltea en él el maíz pozolero hasta que esté tostado y mézclalo con el ceviche.
4. Coloca en copas martineras hojas de lechuga y sobre ellas el ceviche. Acompaña con tostones al horno.

Tostones
al horno

Ingredientes para 4 porciones

4 plátanos machos verdes, pelados
y cortados en rodajas finas
sal y pimienta al gusto
ajo en polvo, al gusto

Procedimiento

1. Precalienta el horno a 200 °C.
2. Coloca las rodajas de plátano sobre una charola con papel encerado o con un tapete de silicón. Espolvoréalas con sal, pimienta y ajo en polvo al gusto. Hornéalas durante 15 minutos o hasta que se doren ligeramente.

Sopa estilo rumano
a mi manera

En Rumania tuve la oportunidad de participar en una telenovela ¡en rumano! Me costó muchísimo, pero fue una experiencia que todavía recuerdo con cariño, sobre todo por el galán guapísimo... y el frío. La verdad no me gusta nada de nada que haga frío, y allá pasé mi cumpleaños (10 de diciembre). Me enfermé de una gripe horrible. Pero me dieron una sopa rumana espectacular, me supo a gloria y me levantó de volada de la cama. Allá me la hicieron de pollo, pero aquí se las presento con costillitas de res; como siempre, con mis toques especiales. Si necesitas algo que te alimente el espíritu, esta sopa es lo ideal: te levanta porque sí.

Ingredientes para 6-8 porciones

1 l de agua

¾ de taza de cilantro picado

1 cubo de consomé de carne

1 cubo de consomé de pollo

¼ de taza de aceite de oliva extra virgen

1 cebolla morada picada en cuadros
    pequeños

3 dientes de ajo rallados

1 kg de costillas de res cocidas

3 jitomates rallados

1 taza de puré de tomate

500 g de papas peladas cortadas
    en cubos pequeños

3 zanahorias cortadas en cubos pequeños

½ taza de pasta tipo codito

sal y pimienta al gusto

1 cucharada de brandy

cantidad suficiente de croutones con ajo

hojas de menta al gusto

Procedimiento

1. Hierve a fuego bajo el agua con el cilantro y los consomés de carne y pollo. Reserva este consomé.

2. Sofríe en una cacerola con el aceite de oliva la cebolla, el ajo y las costillas de res hasta que se doren. Agrega el jitomate rallado, el puré de tomate, el consomé, las papas, las zanahorias y sal y pimienta al gusto. Mezcla y deja cocinar los ingredientes hasta que las papas y las zanahorias estén cocidas pero aún firmes.

3. Añade la pasta de coditos; cuando ésta esté suave, rectifica la sazón, retira la sopa del fuego y añade el brandy.

4. Sirve la pasta con los croutones y decora con las hojas de menta.

Kebab de cordero
a mi estilo

Israel es uno de los países que más me ha impactado por su gran fe y devoción, sobre todo en Jerusalén. Su gastronomía me pareció formidable, además de que es sana y abundan los frutos secos y el pescado. Una de sus joyas culinarias son los espectaculares kebabs. Inspirado en ellos, se me ocurrió hacer un platillo que combinara sus ingredientes, que se consumen mucho en México.

Ingredientes para 6 porciones

SALSA DE YOGUR

1 ½ tazas de yogur natural sin azúcar

el jugo de 2 limones verdes y 1 limón amarillo

¼ de taza de aceite de oliva extra virgen

3 cucharadas de mayonesa

1 cucharada de mostaza de Dijon

sal y pimienta al gusto

ENSALADA

2 pepinos cortados en cuadros pequeños

2 calabacitas cortadas en cuadros pequeños

1 cebolla cortada en cuadros pequeños

1 jícama pequeña cortada en cuadros pequeños

hojas de perejil picadas finamente

hojas de salvia picadas finamente

hojas de hierbabuena picadas finamente

½ taza de trigo sarraceno cocido

½ taza de lechugas mixtas

½ taza de nueces trituradas

¼ de taza de arándanos

1 betabel rallado

KEBAB

1 kg de carne molida de cordero

2 dientes de ajo rallados

2 zanahorias ralladas

2 tallos de apio rallados

½ taza de piñones triturados

1 pimiento morrón rojo rallado

½ taza de queso de cabra

sal y pimienta al gusto

Procedimiento

1. Mezcla con un batidor globo todos los ingredientes de la salsa de yogur y resérvala. Haz lo mismo con los ingredientes de la ensalada.
2. Combina todos los ingredientes del kebab y forma con la mezcla esferas pequeñas. Cuece las porciones de carne sobre las brasas u hornéalas.
3. Sirve en un plato la ensalada con el kebab y acompaña con la salsa de yogur.

Mi versión de pozole de pollo

Ingredientes para 6 porciones

POZOLE

500 g de carne de pechuga cortada
en cubos

1 ½ tazas de maíz pozolero precocido

2 dientes de ajo rallados

1 cucharada de vinagre de sidra
de manzana

½ taza de aceite de oliva extra virgen

3 jitomates rallados

1 cucharada de páprika

1 l de caldo de pollo

sal y pimienta al gusto

GUARNICIONES

½ taza de hojas de perejil

la parte blanca de ½ poro cortado en tiras
muy finas

2 cucharadas de harina de arroz

2 rábanos rallados

1 cebolla morada picada finamente

½ lechuga picada finamente

1 taza de suero de leche

orégano al gusto

chile piquín al gusto

tostadas o tostones de ajo, al gusto

Procedimiento

1. Mezcla los cubos de carne de pollo con el maíz pozolero, el ajo, el vinagre y sal y pimienta al gusto.
2. Sofríe en una olla la mezcla de carne de pollo y maíz pozolero con la mitad del aceite de oliva. Cuando se doren, agrega el jitomate y la páprika. Después de 3 minutos, añade el caldo de pollo y deja hervir el pozole a fuego medio durante 1 hora. Verifica la sazón
3. Fríe las hojas de perejil con el aceite de oliva restante y resérvalas.
4. Mezcla las tiras de poro con 1 cucharada de harina de arroz y fríelas en el mismo aceite donde freíste las hojas de perejil. Haz lo mismo con el rábano rallado y la harina restante.
5. Distribuye el pozole en platos hondos y sírvelos con la cebolla, la lechuga, el suero de leche, orégano y chile piquín al gusto. Decora con el rábano rallado, las tiras de poro y las hojas de perejil. Acompaña con tostadas o tostones de ajo.

Lomo de cerdo
a los cinco chiles

Ingredientes para 6-8 porciones

½ taza de vino blanco

1 cucharada de consomé de pollo en polvo

2 chiles guajillo secos, desvenados
   y sin semillas

2 chiles morita secos, desvenados
   y sin semillas

2 chiles anchos secos, desvenados
   y sin semillas

2 chiles pasilla secos, desvenados
   y sin semillas

2 chiles chipotle secos, desvenados
   y sin semillas

1 trozo de 1.5 kg de lomo de cerdo
   limpio, sin grasa

4 cucharadas de aceite de coco

½ taza de aceite de oliva extra
   virgen

1 cebolla blanca picada finamente

los dientes de 3 cabezas de ajo
   rallados

1 pimiento rojo rallado

4 jitomates rallados

1 taza de puré de jitomate

330 g de papilla de ciruela pasa
   comercial para bebé

hojas de epazote fresco,
   al gusto

sal y pimienta al gusto

arroz blanco cocido, al gusto

Procedimiento

1. Mezcla en una olla pequeña el vino blanco con el consomé de pollo en polvo y 2 tazas de agua; sumerge en este líquido los chiles, colócalos sobre el fuego y deja que hiervan durante 10 minutos. Cuando estén tibios, cuela los chiles, lícúalos hasta hacerlos un puré y resérvalo.

2. Salpimienta el lomo de cerdo y fríelo a fuego medio por todos lados en una olla amplia con el aceite de coco y de oliva junto con la cebolla, el ajo y el pimiento morrón.

Añade el jitomate rallado, el puré de jitomate, el puré de chiles y la papilla de ciruela pasa. Deja cocer la preparación durante 1 hora, dando vuelta al lomo cada 10 minutos.

3. Añade al lomo las hojas de epazote, tapa la olla y déjalo cocer durante 45 minutos más. Retíralo del fuego y déjalo reposar durante 20 minutos.

4. Corta el lomo en rodajas y sírvelo con el arroz blanco.

Mie goreng
con mi toque

De Indonesia tengo muy gratos recuerdos; me sorprende que su cultura venga de tantos siglos atrás. Estuve en Yakarta donde me vistieron con su ropa típica. Además, a mi hermana y a mí nos pasearon en sillas de madera e hicieron un busto en mi honor. ¡Tantas vivencias en esa tierra que jamás nadie podrá quitar de mi mente y mi corazón! Fue inolvidable. Su gastronomía es extensa, pero uno de mis platos favoritos es el de los fideos de mie goreng. Aquí mi versión.

Ingredientes para 6-8 porciones

500 g de tallarines de huevo

½ taza de crema de coco

5 cucharadas de aceite de oliva extra virgen

2 dientes de ajo picados finamente

2 cebollas cambray con hojas picadas finamente

150 g de lomo de cerdo cortado en tiras

½ taza de zanahoria cortada en tiras finas

½ taza de col china cortada en tiras finas

3 nueces de macadamia trituradas

½ taza de brotes de soya

150 g de camarones sin cabeza y sin cáscara

2 cucharadas de vinagre de sidra de manzana

3 cucharadas de salsa de soya

2 cucharadas de salsa de ostión

1 cucharada de cátsup

sal y pimienta al gusto

Procedimiento

1. Hierve los tallarines en suficiente agua con sal. Cuando estén al dente, retíralos del agua, mézclalos con la leche de coco y resérvalos.
2. Sofríe en el aceite de oliva los ajos, las cebollas y el lomo de cerdo durante 2 minutos. Añade el resto de los ingredientes y sofríe durante un par de minutos más.
3. Incorpora al sofito los tallarines con leche de coco, saltea todo durante cinco minutos más y sirve.

Exquisito. A mi manera, pero queda espectacular.

Goulash a la Gaby

He tenido el honor de visitar Budapest varias veces. Me enamoré de su gente, amable y cariñosa; su mercado me encantó, y sin duda, su páprika es la mejor del mundo. De toda su comida mi plato favorito es el goulash, del cual ésta es mi versión.

Ingredientes para 6-8 porciones

500 g de *sirloin* sin grasa cortado en cubos
    de 3 × 4 cm
1 taza de harina de trigo
1 taza de aceite de coco
¼ de taza de aceite de oliva
1 cebolla morada fileteada finamente
4 dientes de ajo rallado
1 pimiento rojo cortado en tiras finas
4 cucharadas de páprika
3 jitomates rallados
1 l de agua caliente
1 cubo de consomé de pollo en polvo
1 taza de papas cambray
3 hojas de laurel
1 taza de garbanzos cocidos
sal y pimienta al gusto

Procedimiento

1. Adereza los cubos de carne con sal y pimienta al gusto, enharínalos y resérvalos.
2. Sofríe en el aceite de oliva la cebolla morada, el ajo y el pimiento durante un par de minutos. Añade los cubos de carne, la páprika y los jitomates. Deja que la preparación se cocine durante 5 minutos.
3. Añade el agua, el consomé de pollo, las papas cambray, las hojas de laurel y sal y pimienta al gusto. Cuando las papas estén cocidas pero firmes, añade los garbanzos, deja la preparación sobre el fuego durante 15 minutos más y sirve.

Risotto a la parmesana
con tiras de lomito

Ésta es una receta que familiares y amigos me piden mucho en reuniones.

Ingredientes para 4 porciones

1 cebolla blanca fileteada

2 dientes de ajo rallados

½ taza de jitomate deshidratado conservado en aceite,
    picado finamente

¼ de taza de aceite de oliva extra virgen

½ taza de mantequilla

325 g arroz para risotto

250 ml de vino blanco

325 ml de caldo de pollo perfumado con laurel y albahaca

½ taza de media crema

500 g de lomito de res cortado en tiras de 1 cm

aceite de jitomate deshidratado en conserva, al gusto

½ taza de queso parmesano rallado

Procedimiento

1. Sofríe la cebolla, el ajo y el jitomate deshidratado en un sartén con el aceite de oliva y la mantequilla hasta que estén ligeramente dorados.

2. Añade el arroz y el vino blanco, mezcla y deja que se cocine la preparación hasta que se evapore la mitad del vino.

3. Baja la intensidad del fuego; sin dejar de mover el arroz, añade en tandas el caldo de pollo, sin agregar más hasta que el arroz lo haya absorbido. Cuando el arroz esté al dente, retíralo del fuego y mézclalo con la mitad de la media crema. Resérvalo.

4. Salpimienta las tiras de lomito y dóralas rápidamente en un sartén por todos lados con el aceite del jitomate en conserva, para que queden término medio.

5. Sirve el risotto en platos, distribuye encima las tiras de lomito; decora con la media crema restante y el queso parmesano.

Cau cau de mondongo
a la Spanic

Perú es hermoso. Machu Picchu tiene su propia magia. Tuve la oportunidad de visitar este hermoso país y ser la madrina de una escuela para niños. Fue una experiencia gratificante. Ahí me hicieron un pisco espectacular al que le pusieron mi nombre. ¡Qué honor! La gastronomía peruana está catalogada como una de la mejores del mundo; todo lo que degusté me encantó. El cau cau de mondongo es una receta muy popular. Se trata de un guiso de panza de res al que le cambié varias cositas para que quedara con mi estilo... No puedo evitar darle a todo mi toque personal.

Ingredientes para 12 porciones

1 kg de panza de res limpia, troceada

el jugo de 5 limones

2 cucharadas de bicarbonato de sodio

¼ de taza de aceite de oliva extra virgen

3 dientes de ajo rallados

1 cebolla blanca cortada en cuadros
  pequeños

500 g de yuca cocida, pelada y cortada
  en cubos grandes

2 zanahorias cortadas en cubos pequeños

1 chuleta ahumada picada en cubos
  pequeños

2 chiles poblanos asados, pelados,
  sin venas ni semillas y cortados
  en cuadros pequeños

1 cubo de consomé de pollo

1 taza de leche deslactosada líquida

500 g de alubias cocidas y drenadas

½ taza de chícharos

hojas de epazote al gusto

hojas de hierba buena al gusto

sal y pimienta al gusto

arroz blanco, al gusto

rodajas de plátano macho fritas, al gusto

Procedimiento

1. Coloca los trozos de panza en un recipiente y viértele agua hasta que los cubra. Añádeles el jugo de limón y el bicarbonato, mezcla y déjalos reposar durante 1 hora. Enjuágalos bien y resérvalos.

2. Sofríe en el aceite de oliva el ajo con la cebolla, la yuca, la zanahoria, la chuleta, los trozos de panza de res y sal y pimienta al gusto durante 5 minutos.

3. Incorpora los cuadros de chile poblano, el consomé de pollo y la leche. Cuando hierva, añade las alubias, los chícharos, las hojas de epazote y de hierbabuena. Tapa el cau cau y deja que se cueza a fuego bajo durante 10 minutos.

4. Sirve el cau cau acompañado de arroz blanco y las rodajas de plátano macho fritas.

Lasaña a las cinco salsas

Ingredientes para 8-10 porciones

SALSA BECHAMEL

1 diente de ajo rallado

1 cucharadita de aceite de oliva

1 taza de harina de trigo

500 ml de leche

2 cucharadas de mantequilla

nuez moscada al gusto

sal y pimienta al gusto

SALSA BOLOÑESA

1 cucharada de aceite de oliva

½ cebolla blanca picada finamente

1 diente de ajo rallado

½ pimiento rojo rallado

500 g de carne de ternera molida

½ cucharada de azúcar

½ cucharada de vinagre de sidra
de manzana

¼ de taza de jitomate deshidratado
picado finamente

1 taza de puré de jitomate

500 g de jitomates rallados

hojas de albahaca fresca al gusto

SALSA PORTOBELLO

175 g de hongos portobello troceados

1 l de media crema

1 cucharadita de ajo en polvo

sal y pimienta al gusto

SALSA DE SALMÓN AHUMADO

1 cucharadita de aceite de oliva

1 diente de ajo rallado

½ taza de salmón ahumado troceado

500 ml de leche deslactosada

¼ de taza de maicena

ARMADO

cantidad suficiente de aceite en aerosol

cantidad suficiente de láminas de pasta
para lasaña especial para hornear

500 ml de crema de espárragos en lata

300 g de queso mozzarella

300 g de queso ricota

300 g de queso parmesano rallado

¼ de taza de pan molido

hojas de albahaca al gusto

Procedimiento

SALSA BECHAMEL

1. Sofríe el ajo en el aceite de oliva. Agrega la harina, revuelve bien y deja cocinar todo un par de minutos. Incorpora le leche, disuelve bien la harina, añade la mantequilla y la nuez moscada y deja que hierva. Cuando la salsa se espese, añádele sal y pimienta, retírala del fuego y resérvala.

SALSA BOLOÑESA

1. Sofríe en el aceite de oliva la cebolla, el ajo y el pimiento durante 2 minutos. Agrega la carne molida, el azúcar, el vinagre y el jitomate deshidratado. Cuando la carne esté dorada, añade el puré de jitomate, los jitomates rallados y las hojas de albahaca. Deja que la salsa se cocine durante 30 minutos a fuego bajo y resérvala.

SALSA PORTOBELLO

1. Asa los hongos a fuego bajo hasta que se hayan reducido en tamaño. Licúalos con la media crema, el ajo en polvo y sal y pimienta al gusto. Resérvala.

SALSA DE SALMÓN AHUMADO

1. Sofríe en el aceite de oliva el ajo. Agrega el salmón y la leche. Cuando hierva, disuelve en un poco de agua fría la fécula de maíz y añádela a la preparación junto con la nuez moscada. Cuando la salsa esté espesa, agrégale sal y pimienta al gusto y retírala del fuego. Cuando esté tibia, licúala y resérvala.

ARMADO

1. Precalienta el horno a 200 °C.

2. Rocía aceite en aerosol en un refractario grande. Coloca la lasaña en capas de la siguiente manera, reservando entre cada capa un poco de las salsas para la capa final y distribuyendo los quesos en cada etapa: una capa de salsa bechamel y encima láminas de pasta de lasaña. La crema de espárragos, un poco de queso mozzarella y láminas de pasta. La salsa boloñesa, un poco de quesos ricotta y parmesano y láminas de pasta. La salsa portobello, un poco de queso mozzarella y láminas de pasta. La salsa de salmón ahumado y un poco de queso parmesano. Finalmente, termina con todo lo que te quedó de las cinco salsas y de los quesos, y espolvorea la superficie con el pan molido.

3. Cubre la lasaña con papel aluminio y hornéala durante 30 minutos. Destápala y deja que se gratine durante 10 minutos. Retírala del horno.

4. Deja entibiar un poco la lasaña, decórala con las hojas de albahaca y sírvela.

Paella a La usurpadora

Ésta es una de las recetas más aplaudidas por mis invitados; no es que sea presumida, pero me queda espectacular. ¡Creo que mi paella es merecedora de cualquier trofeo internacional! He probado paella en varias partes del mundo, pero me sigo quedando con el sabor de la mía.

Ingredientes para 12 porciones

750 g de arroz precocido

1 sobre comercial de sazonador para paella

½ cucharadita de curry

1 cubo de consomé de camarón desecho

100 g de pulpa de jaiba

600 ml de vino blanco dividido en cuatro porciones

500 ml de jugo de limón verde mezclado con el jugo de 3 limones amarillos, dividido en cinco porciones

6 vieiras

6 mejillones

6 almejas chocolata

6 almejas chirla

6 navajas de mar

¼ de taza de jerez dividida en tres porciones

250 g de robalo picado

100 g de callos de hacha

1 cola de langosta pequeña sin caparazón

1 cangrejo pequeño

1 ½ tazas de aceite de oliva

125 g de zanahoria rallada

1 pimiento rojo picado finamente

¼ de cebolla morada picada

¼ de cebolla blanca picada

los dientes de ½ cabeza de ajo rallados

100 g de aros de calamar

100 g de camarones pacotilla

125 g de camarón grande, pelados y sin cabeza

1 pulpo *baby* limpio

3 langostinos grandes con cabeza y caparazón

½ cucharadita de azafrán fresco

½ taza de perejil picado finamente

6 cebollas cambray picadas finamente

sal de mar al gusto

sal del Himalaya al gusto

sal de cava al gusto

pimienta negra recién molida, al gusto

Procedimiento

1. Mezcla en un tazón de vidrio o de plástico el arroz con el sazonador para paella, el curry, el consomé de camarón, la pulpa de jaiba, una porción del vino blanco y del jugo de limón, un poco de agua y sal y pimienta al gusto. Deja reposar los ingredientes durante 1 hora, hasta que el arroz duplique su volumen.

2. Coloca en un refractario las vieiras, los mejillones, las almejas y las navajas con sal y pimienta, y una porción del vino, del jugo de limón y del jerez. Reserva en refrigeración durante 1 hora. Realiza este mismo procedimiento con el pescado mezclado con los callos de hacha.

3. Cuece al vapor la cola de langosta y el cangrejo durante 20 minutos. Retíralos del fuego, úntalos con aceite de oliva y resérvalos.

4. Sofríe en una paellera con 1 taza de aceite de oliva los siguientes ingredientes, añadiéndolos uno después de otro en intervalos de 3 minutos: zanahoria, pimiento, cebollas morada y blanca, ajo, aros de calamar y un poco de las sa-

les y pimienta, camarones pacotilla, pulpo *baby*, langostinos, y finalmente, la mezcla de arroz, el azafrán, el perejil, las cebollas cambray y sales y pimienta al gusto. Mezcla todo muy bien.

5. Añade el resto del vino blanco, el jugo de limón y un poco de agua, tapa y deja cocer la paella a fuego medio durante 10 minutos. Añade el pescado y los callos de hacha con el líquido de marinación, y cocina la paella otros 10 minutos. Rectifica que el arroz y todos los ingredientes estén cocidos; si es así, retira la paella del fuego; de lo contrario, añade un poco más de agua y deja la paella sobre el fuego hasta que el líquido se evapore y todos los ingredientes de la paella estén cocidos. Retírala del fuego, añádele la cola de langosta y el cangrejo, tápala y déjala reposar durante 10 minutos.

6. Sirve la paella decorada con todos los ingredientes. Rocíala con un poco de las sales y pimienta, así como con el resto del aceite de oliva, el jugo de limón y el jerez.

Brigadeiros
con tequila y coco

Brasil, la tierra de la samba, la alegría y la simpatía. Los fans de allá me han recibido con tanta sinceridad y amor, con regalos, cartas, videos y tantas muestras de cariño. La gastronomía del país me encanta: la picaña, los panes de queso, el cafecito de la mañana, la banana dulce frita... Todo me encanta. Pero hay un postre muy sencillo de hacer que resulta espectacular. Se llama brigadeiros y aquí están con mi toque personal. Estoy segura que se les hará agua la boca como a mí.

Ingredientes para 8-12 porciones

220 g de chocolate amargo

2 cucharadas de crema para batir

2 cucharadas de mantequilla

110 g de dulce de leche

¼ de taza de arándanos

3 cucharadas de tequila

440 g de queso mascarpone

granillo de chocolate, al gusto

coco rallado, al gusto

cocoa, al gusto

cacahuates triturados, al gusto

cantidad suficiente de capacillos pequeños

Procedimiento

1. Coloca a baño maría un tazón con el chocolate, la crema para batir y la mantequilla. Cuando el chocolate se haya fundido, incorpora el dulce de leche, los arándanos, el tequila y el queso. Cuando tengas una mezcla homogénea, retírala del fuego y déjala enfriar.
2. Forma con la mezcla esferas de aproximadamente 3 cm de diámetro y pásalas por la decoración de tu preferencia: granillo de chocolate, coco rallado, cocoa o cacahuates triturados. Coloca cada brigadeiro en un capacillo y refrigéralos antes de servirlos.

Postre de papaya
con licor de casis

En Brasil también me encantó una bebida, el granizado de papaya con casis. Allá lo hacen con helado de vainilla. Yo le puse un poco de más calorías para un sabor mucho más dulce. Te va a fascinar.

Ingredientes para 6 porciones

3 tazas de papaya troceada

395 g de leche condensada

4 tazas de cubos de hielo

licor de casis al gusto

hojas de menta o de hierbabuena
al gusto

Procedimiento

1. Licúa los trozos de papaya con la leche condensada y los cubos de hielo hasta que obtengas un granizado.
2. Sirve los postres en copas martineras, añádeles el licor de casis y decora con las hojas de menta o hierbabuena.

Panes de Viena
como a mí me gustan

Buenos Aires me pareció una ciudad preciosa, especialmente por sus balcones. Es inevitable no recordar a Evita Perón.
Justamente en *La Usurpadora*, una de las telenovelas que más me hizo viajar, trabajé con doña Libertad Lamarque.
Ella era muy coqueta; siempre que pasaba por un espejo se retocaba con su polvera. De ella recibí también consejos:
que tuviera mucha paciencia, que hiciera oídos sordos a los malos comentarios y que siguiera adelante.
Siempre la admiraré, por eso el pan de Viena que probé allá me la recuerda.

Ingredientes para 15 panes

4 ½ tazas de harina de trigo

2 cucharadas de azúcar

1 cucharada de sal

2 cucharadas de levadura instantánea
en polvo

1 taza de leche deslactosada

60 g de mantequilla a temperatura
ambiente + 1 barra de 90 g fría

1 taza de agua caliente

miel de abeja al gusto

canela en polvo, al gusto

nuez moscada en polvo, al gusto

azúcar mascabado, al gusto

Procedimiento

1. Cierne la harina con el azúcar, la sal y la levadura. Forma con esta mezcla un volcán en una superficie plana, hazle un hueco grande en el centro y vierte ahí la leche, los 60 gramos de mantequilla y el agua. Incorpora paulatinamente los ingredientes del centro con la mezcla de harina; cuando obtengas una preparación homogénea, amásala hasta que adquiera una textura pastosa y no se pegue a la superficie donde la amasas.
2. Engrasa un tazón, coloca en él la masa, cúbrelo con plástico y déjala reposar durante 10 minutos.
3. Precalienta el horno a 80 °C. Engrasa un molde circular de 25 centímetros de diámetro, y otro pequeño de unos 10 centímetros.
4. Enharina una superficie, coloca en ella la masa y divídela en 15 porciones. Haz esferas con ellas, boleándolas en la mesa, y distribúyelas en los moldes. Hornéalas durante 20 minutos. Sube la temperatura del horno a 180 °C y hornéalas durante 15 minutos más.
5. Saca los panes del horno. Pasa la barra de margarina fría encima de ellos, cuando aún estén calientes. Rocíales un poco de miel y espolvoréalos con canela molida, nuez moscada y azúcar mascabado.

Recuerda no abrir el horno durante la cocción, de lo contrario, los panes no levantarán.

Disfruta estos panes con queso Cotija y mantequilla. Acompáñalos con un cafecito.

Si al enfriarse se ponen duros, caliéntalos en el horno de microondas y quedarán como recién hechos.

El verdadero amor de mi vida

Con mi bebé.

Desde 2005 me he dedicado a la par de la actuación a otras actividades que no tienen directamente que ver con lo artístico. En concreto, he comenzado varias aventuras empresariales. Empecé con la venta de un paquete llamado "Gabriela 2005 Total" que incluía mi biografía titulada: *Mi vida entre líneas,* un calendario, un DVD con secretos para conservar la figura con comida saludable y mi disco. Ese primer lanzamiento fue muy importante para mí, pues me mostró que soy capaz de incursionar con éxito en diferentes frentes gracias al cariño y estímulo de mis fans.

Esta actividad comercial me ha dado muchísimas satisfacciones pues hoy en día promociono una extensa línea de productos para el cuidado del

El abuelo Casimiro.

Morrocoy, Venezuela, 2009.

Abuelos de Gabo.

Bautizo de Gabo, Ortiz, 2010.

cutis y el cuerpo. Todos son elaborados por mí, con productos naturales y por supuesto, probados por mí. La verdad es que he recibido muchos testimonios positivos de la gente diciendo que le sirven mucho. También tengo un perfume y una línea de joyería… Las mujeres de hoy en día somos así, nos desarrollamos de mil formas profesionalmente. Sin embargo, lo más importante para mí es ser mamá de mi Gabo.

> También tengo un perfume y una línea de joyería…

Gabriel de Jesús nació el siete de julio de 2008, o sea el 7 del 7; además, es el séptimo nieto de mis padres, así que ese número está muy presente en su vida. Su llegada al mundo no fue nada fácil. Pasé 28 horas en labor de parto en el hospital Monte Sinaí de Miami. Se hizo de todo: caminé, tomé baños de agua caliente, me inyectaron pitocina, me pusieron una bandita en el cuello del útero… Tuve mala suerte con una enfermera que me hizo una revisión para comprobar mi dilatación; aunque traía guantes de látex como debe ser … ¡tenía uñas postizas! Pasé muchas horas insistiendo en que me hicieran un ultrasonido porque yo veía que no avanzaba el parto; estaba muy nerviosa, además de cansada. Logré comunicarme con mi médico —en Estados Unidos el doctor llega únicamente cuando ya está

Gabo, ¡ya famoso desde pequeño!

a punto de nacer el bebé— y le dije: "O vienes o me muero".

El doctor se presentó y se procedió a hacer una cesárea. Hay quien dice que la anestesia epidural es molesta, pero después de tantas horas, para mí fue un gran alivio. Al final, el doctor aceptó que mi intuición era correcta. Mi hijo se había movido e incrustado a un costado, por tanto, no iba a bajar nunca.

Finalmente pude ver al verdadero amor de mi vida, Gabriel de Jesús, por siempre mi bebé. Desde ese primer instante supe que no iba a haber nadie como él, que su amor no duele ni lastima, sino que es una fuerza sobrenatural, una bendición

Con la abuela Norma.

del Cielo. Todavía siento el estremecimiento y la felicidad indescriptible que experimenté desde esos primeros momentos.

Yo había querido convertirme en madre desde muchos años antes; obviamente, durante los años que estuve casada fue uno de mis deseos. Inclu-

Disney, 2015.

Acompañándome en la telenovela Emperatriz.

Disney, 2015.

prendí que todavía no me llegaba la hora. Aún no estaba en los planes de Nuestro Señor. Pero ese profundo deseo de ser madre ya estaba muy dentro de mí, creciendo y creciendo.

Con el tiempo, veo con más claridad —y agradecimiento— que mi hijo llegó justo en un momento en que yo seguía viviendo una época de gran dolor por los conflictos que tuvieron lugar a raíz de la enfermedad de mi hermana gemela Daniela. Ella y yo siempre habíamos sido muy cercanas, no sólo por ser gemelas, sino porque compartimos muchos sueños y luchas.

Estuve con ella al pie del cañón cuando tuvo el derrame cerebral estando embarazada; yo estuve con ella las primeras horas de la vida de su hija; yo le di el primer biberón a mi sobrina; pasé con ella muchas noches sin dormir en el hospi-

so tuve la idea de adoptar a un pequeño en un orfanato en Croacia. Justo en el país de mis abuelos, mientras realizaba una gira artística, tuve la oportunidad de visitar un albergue donde había muchos niños esperando ser adoptados. Al acercarme a la cuna de uno de ellos, éste me sonrió con especial ternura y me apretó con fuerza el dedo meñique. Por momentos, la idea de ser mamá de ese pequeño me dominó por completo, pero com-

¡Tan lindo mi Gabo!

A Gabo siempre le ha encantado meterse a la cocina.

tal. Dejé Miami y el trabajo por mi familia, mi prioridad. Por desgracia, ella ha sido muy influenciada por mi cuñado en quien yo no puedo confiar, porque he visto cosas que me hacen sospechar que no tiene un interés a futuro por mi hermana ni mi sobrina. Han pasado muchos años y sigo sin poder hablar con ella.

Fue en medio de esa tormenta cuando llegó mi hijo. Mi vida lo pedía a gritos; fue deseado con tanto amor, respondía a mis anhelos de mujer desde hacía tantos años. Es algo tan profundo que no es fácil encontrar palabras para expresar lo que mi hijo significa en mi existencia. Pero sí puedo afirmar que se ha convertido en el único y verdadero amor de mi vida, mi campeón, un motivo gigante para vivir.

Su nombre, Gabriel de Jesús, por supuesto que en parte es por mi nombre, pero también porque el ángel Gabriel es el dador de buenas nuevas, pues es quien le anuncia a la Virgen que será madre de Dios y ese nombre significa "fuerza de Dios". Y como quiero que esté protegido siempre, de ahí su segundo nombre. Lo encomendé al Se-

¡Tamales listos!

Sus primeros cortes de vegetales.

Descubriendo el mundo de los animales.

ñor y a su misericordia, porque para mí es muy importante la parte espiritual. Es parte fundamental de mi existencia.

Cada día que pasa confirmo lo que intuía: que seremos inseparables. Agradezco porque compartimos tiempo en la cocina, haciendo manualidades, haciendo la tarea, riendo por cualquier tontería…

Desde que estaba en mi barriguita ya tenía muy claros sus gustos por el chocolate… y por los *hot dogs*. Es que me acuerdo como si hubiera sido ayer que un día salí de una consulta médica y se me antojó muchísimo un *hot dog*, el cual me comí sentada en el auto con un placer enorme… Pero creo que el antojo era más de él, porque a la fecha los devora.

Mi Gabo fue el típico niño que justo cuando le cambiabas el pañal, decidía orinar y mojarme la cara. Tal vez esa travesura se deba a que el agua es uno

> ## Para mí es muy importante la parte espiritual.

de sus elementos favoritos. Adora ir a la playa y estar en el mar, recoger conchitas, nadar en donde sea, darle de comer a los patos… Otra de sus aficiones son los animales. Cuando era muy pequeño bailaba con el perro de un amigo, se veía divino.

Son tantos los recuerdos de estos siete años de mi hijo: jugar a recoger hojitas en el campo, jugar con tierra, sus primeras sonrisas, sus primeros pasos; cómo siempre me comparte de sus dulces, su complicidad en la cocina. Aprendo tanto de él.

Mi amor por mi hijo también incluye que tenga responsabilidades acorde con su edad: levantar la

Con mi amor en su cumpleaños.

¡Vamos, tú puedes!

Con Hilda, la bisabuela de Gabo.

El verdadero amor de mi vida

ropa sucia y sus juguetes; poner su ropa en la maleta cuando vamos a salir de viaje; además, me ayuda a mantener el orden en la alacena y el refrigerador y sabe que debe sentarse a comer con buenos modales, entre muchas otras cosas. También platico mucho con él y le doy el espacio para que me cuente sus secretos, así se siente escuchado. Para lograr esa confianza, le he ido contando mis vivencias. Aunque hay algunas que por su edad

En un concurso de televisión.

Mi Gabo, es un ángel para mí.

todavía no las comprendería y se la contaré después, creo que esto nos ha hecho muy cercanos e inseparables. Él se sabe profundamente amado.

A mi hijo yo le digo desde que es muy pequeño: "Ven, aliméntame" y él, una belleza, corre a abrazarme. Sus abrazos son la dieta que en realidad me mantiene fuerte y avanzando.

Aunque haya buscado desarrollarme en muchas áreas y considere que ser mamá es la profesión más importante y la misión de mi vida, obviamente sigo aprovechando todas las oportunidades para continuar con mi carrera artística.

En el 2010 hice a Ivanna en *Soy tu dueña*, una telenovela con Televisa cuyo productor fue Nicandro Díaz. Luego volví a cambiar de televisora, esta vez a Televisión Azteca. Con ellos hice *Emperatriz* en

De vacaciones en Taxco.

2011 y en 2013 *La otra cara del Alma*; en esta última era la protagonista, Alma, mujer de carácter fuerte y con muchos deseos de venganza. Participé también en *Siempre tuya Acapulco* que terminó en agosto de 2014.

¡Foto lista con el abuelo Casimiro!

Festival de la Paella, Acapulco, 2016.

Listos para celebrar.

Como pueden ver, soy una mujer muy afortunada y le doy profundas gracias a Dios porque me permite seguir haciendo lo que me gusta en tantos campos. Por eso espero que este recorrido por mi vida les haya gustado. Espero que disfruten mucho preparando mis recetas, porque todas las he diseñado con mi toque personal y buscando que mi familia y mis amigos las disfruten enormemente.

Deseo que se sientan muy cerca de mí como yo me siento de todos los que me han seguido y apoyado por tantos años. Les envío mis bendiciones y mi amor. ¡Total!

Soy una mujer muy afortunada y le doy profundas gracias a Dios.

Guacamole para Gabo

Ingredientes para 4 porciones

2 jitomates cortados en cubos pequeños

½ cebolla picada finamente

2 dientes de ajo picados finamente

la pulpa de 2 aguacates machacada con
    el jugo de 1 limón

¼ de taza de cilantro picado finamente

2 cucharadas de mayonesa

2 cucharadas de aceite de oliva

1 cucharada de vinagre de sidra
    de manzana

sal y pimienta al gusto

salsa de soya al gusto

queso fresco rallado, al gusto

totopos de maíz, al gusto

Procedimiento

1. Mezcla todos los ingredientes excepto el queso y los totopos. Sirve el guacamole decorado con el queso y acompañado con los totopos.

Carne seca a la Gabo
con "estofado"

Esta receta es de mi hijo. Él mismo arma su plato y le llama carne seca con estofado. Cuando se enteró que estaría en este libro, ¡se puso muy feliz!

Ingredientes para 1 porción

1 bistec de res muy delgado

jugo de limón, al gusto

sal y pimienta al gusto

zanahoria rallada, al gusto

cilantro picado, al gusto

lechuga picada finamente, al gusto

aceite de oliva al gusto

Procedimiento

1. Asa el bistec en un sartén hasta que se seque. Déjalo enfriar y mételo dentro de una bolsa resellable. Aplástalo con un objeto pesado hasta que se deshaga. Añádele jugo de limón, sal y pimienta al gusto.
2. Sofríe con un poco de aceite de oliva la zanahoria, el cilantro y la lechuga. Añádele sal y pimienta al gusto.
3. Sirve en un plato ambas mezclas.

Chilaquiles de frijol

Este platillo le fascina a mi hijo.

Ingredientes para 4 porciones

45 g de mantequilla

1 ½ cebollas picadas finamente

1 diente de ajo rallado

500 g de frijoles negros cocidos

500 ml de caldo de pollo

1 taza de crema para batir

1 pizca de canela molida

1 pizca de nuez moscada

sal y pimienta al gusto

4 tazas de totopos

150 g de queso fresco

4 cucharadas de cilantro picado

150 ml de crema ácida

la pulpa de 1 aguacate cortada en cubos
pequeños

Procedimiento

1. Sofríe en la mantequilla la cebolla y el ajo. Añade los frijoles, el caldo de pollo, la crema para batir, la canela molida, la nuez moscada y sal y pimienta al gusto. Cuando hierva, retira la preparación del fuego y déjala entibiar. Licúala.

2. Distribuye en platos los totopos, báñalos con la salsa de frijol y sírvelos con el queso, el cilantro, la crema y los cubos de aguacate.

Camarones pacotilla con ajo

Ingredientes para 3 porciones

2 cucharadas de mantequilla

300 g de camarones pacotilla

4 dientes de ajo rallados

2 cucharadas de aceite de oliva extra
virgen

sal y pimienta al gusto

el jugo de 1 limón

Procedimiento

1. Sofríe en la mantequilla los camarones con sal y pimienta durante 5 minutos. Añádeles el jugo de limón, retíralos del fuego y sírvelos.

Pizza margarita
a la Gabo

Como a muchos niños, a mi hijo le encanta la pizza. Y ésta que hacemos juntos, le gusta más porque le puede poner mucho queso y salsa napolitana; pero se le puede agregar cualquier otro ingrediente que les dicte su creatividad. El secreto está en la masa. Lo demás es imaginación.

Ingredientes para 3 pizzas

200 ml de agua tibia

2 cucharadas de azúcar

17 g o 1 ½ sobres de levadura instantánea en polvo

1 cucharadita de sal

6 cucharadas de aceite de oliva extra virgen

800 g de harina + 1 taza

salsa comercial para pizza, al gusto

mezcla de quesos para pizza, al gusto

vegetales al gusto (rodajas de jitomate, champiñones, brócoli, pimiento, entre otros)

Procedimiento

1. Mezcla un poco del agua tibia con el azúcar y la levadura; déjala reposar durante algunos minutos.
2. Forma sobre una superficie un volcán con la harina y hazle un hueco en el centro. Vierte allí la mezcla de levadura e incorpórale poco a poco la harina, a la vez que vas añadiendo el aceite de oliva y el agua restante. Deberás obtener una masa suave.
3. Coloca la masa en un tazón, tápala con un paño húmedo y déjala reposar durante 3 horas. Cuando triplique su tamaño, amásala un poco y divídela en tres porciones.
4. Precalienta el horno a 180 °C.
5. Estira cada porción al tamaño y colócalas en charolas para hornear. Cúbrelas con la salsa para pizza, añádeles los vegetales y mucho queso, y hornéalas durante 25 minutos o hasta que el queso se funda y se dore.
6. Saca las pizzas del horno y disfrútalas.

A mi hijo también le encantan las pizzas con orilla de queso. Son muy fáciles de hacer. Cuando hayas formado las pizzas con la masa, rellena el borde con dedos de queso y ciérralo con un poco de agua.

Hamburguesas
a la parrilla

Mi hijo y yo disfrutamos cuando preparamos esta receta. Él me ayuda con la carne que es realmente el secreto, pues parece sencilla pero tiene sus trucos.

Ingredientes para 6 porciones

500 g de carne de sirloin molida, sin grasa

500 g de carne de cerdo molida, sin grasa

100 g de tocino cortado en cuadros pequeños, fritos

½ taza de queso ricota

1 huevo

½ cebolla rallada

2 dientes de ajo rallados

3 cucharadas de hojas de perejil picadas finamente

2 cucharadas de hojas de albahaca picadas finamente

½ taza de pan molido

6 rebanadas de queso amarillo

sal y pimienta al gusto

6 panes para hamburguesa

jitomate, cebolla y pepinillos cortados en rebanadas, al gusto

mayonesa, mostaza y cátsup al gusto

Procedimiento

1. Mezcla las carnes con el tocino, el queso ricotta, el huevo, la cebolla, el ajo, el perejil, la albahaca, el pan molido y sal y pimienta al gusto.
2. Divide la mezcla de carne en 6 porciones, forma con ellas hamburguesas y ásalas en la parrilla por ambos lados hasta que estén bien cocidas. Un par de minutos antes de finalizar la cocción, coloca en cada hamburguesa una rebanada de queso amarillo para que se funda.
3. Arma las hamburguesas en los panes con los ingredientes restantes.

Puedes acompañar estas hamburguesas con papas fritas, rebanadas de yuca frita o tostones de plátano macho.

Hot dog al estilo Gabo

A mi hijo le gustan las salchichas cortadas en forma
de espiral y asadas a la plancha.

Ingredientes para 6 porciones

½ taza de mayonesa + cantidad al gusto

½ diente de ajo rallado

2 cucharadas de hojas de cilantro picadas finamente

6 salchichas

1 brocheta de madera

6 panes para *hot dog*

1 jitomate picado en cubos pequeños

½ cebolla picada en cubos pequeños

3 pepinillos picados en cubos pequeños

6 cucharadas de cuadros pequeños
    de tocino fritos

chips de papas fritas troceados, al gusto

queso parmesano rallado, al gusto

la pulpa de 1 aguacate cortada en cubos pequeños,
    mezclados con un poco de jugo de limón y sal

cátsup y mostaza al gusto

Procedimiento

1. Licúa la ½ taza de mayonesa con el ajo y las hojas de cilantro. Reserva este aderezo.
2. Atraviesa a lo largo una salchicha con una brocheta y córtala en forma de espiral con un cuchillo. Saca la salchicha de la brocheta y repite este paso con el resto de ellas.
3. Calienta ligeramente los panes en el microondas o a baño María.
4. Forma los *hot dogs* a tu gusto con todos los ingredientes.

Tamales de chicharrón
triturado

¡Estos tamales le encantan a Gabo!

Ingredientes para 4 porciones

2 cucharadas de aceite de oliva extra virgen

½ cebolla rallada

2 dientes de ajo rallados

1 taza de chicharrón triturado

2 jitomates rallados

2 tazas de harina de maíz

cantidad suficiente de agua

sal y pimienta al gusto

hojas de epazote, al gusto

cantidad suficiente de hojas de maíz
   hidratadas

cantidad suficiente de ligas

Procedimiento

1. Sofríe en el aceite de oliva la cebolla y el ajo durante un par de minutos.
2. Agrega el chicharrón, el jitomate y sal y pimienta al gusto. Deja que la preparación se cocine durante 10 minutos a fuego bajo. Retírala del fuego y déjala enfriar.
3. Coloca una vaporera con agua sobre el fuego.
4. Mezcla la preparación de jitomate con la harina de maíz y más agua si fuera necesario, para obtener una masa moldeable.
5. Elabora esferas con la masa y coloca una en cada hoja de maíz con una hoja de epazote; ciérralas con la liga, en medio de los tamales, de manera que se formen dos protuberancias.
6. Cuece los tamales en la vaporera durante 30 minutos.

Nuestro pastel
de chocolate

Es el pastel favorito de mi hijo, desde muy pequeño le fascinaba. Ahora me ayuda a prepararlo.

Ingredientes para 1 pastel

1 ¾ tazas de harina + cantidad suficiente para enharinar

¾ de taza de cocoa en polvo

2 tazas de azúcar

1 ½ cucharaditas de polvo para hornear

1 cucharadita de sal

1 ½ cucharaditas de bicarbonato de sodio

2 huevos

2 tazas de leche

180 g de mantequilla a temperatura ambiente + cantidad suficiente para engrasar

2 cucharadas de esencia de vainilla

1 taza de agua caliente

2 tazas de cocoa

3 tazas de azúcar glass

Procedimiento

1. Precalienta el horno a 180 °C.
2. Engrasa y enharina un molde para pastel de 23 centímetros.
3. Mezcla la harina, con la cocoa, el azúcar, el polvo para hornear, la sal y el bicarbonato de sodio.
4. Incorpora los huevos, la mitad de la leche, la mitad de la mantequilla y la mitad de la esencia de vainilla. Bate todos los ingredientes a velocidad media durante 2 minutos; incorpora el agua caliente.
5. Vacía la mezcla en el molde y hornéalo durante 35 minutos o hasta que al insertar un palillo en el centro éste salga limpio. Sácalo del horno, déjalo enfriar, desmóldalo y córtalo en 3 discos.
6. Derrite el resto de la mantequilla y mézclala con la cocoa y el resto de la esencia de vainilla. Incorpora poco a poco el azúcar glass y el resto de la leche para formar un betún. Divídelo en 4 porciones.
7. Arma el pastel colocando sobre uno de los discos una porción del betún. Pon encima el segundo disco, cubre con otra porción de betún y termina con el tercer disco. Cubre todo el pastel con el betún restante. Decóralo a tu gusto y sírvelo.

Si compras fondant de colores, puedes extenderlo con un rodillo y hacer figuritas para adornar.
Es una excelente actividad para hacer con los hijos.

Galletas de limón caseras

Esta receta de galletas caseras es muy versátil, pues a la masa le puedes agregar avena, almendras trituradas, perlas de chocolate, macadamia, o lo que desees. Pero las favoritas de mi hijo son la de limón, por eso te comparto ésta.

Ingredientes para 50 galletas

250 g de harina de trigo

½ cucharada de polvo para hornear

¼ de cucharadita de sal

2 huevos

la ralladura de 1 ½ limones

150 g de mantequilla a temperatura
  ambiente

½ taza de azúcar

cantidad suficiente de azúcar glass
  para espolvorear

Procedimiento

1. Mezcla la harina de trigo con el polvo para hornear y la sal. Forma con esta mezcla un volcán en una superficie, hazle una cavidad en el centro y coloca ahí 1 huevo y la ralladura de limón. Mézclalos e incorpórales la mantequilla. Cuando se hayan integrado bien, añade el azúcar. Paulatinamente ve integrando la harina a la mezcla hasta que obtengas una masa de consistencia suave y fácil de manipular. Si está muy blanda, refrigérala unos 30 minutos.
2. Precalienta el horno a 180 °C. Coloca papel encerado a varias charolas para hornear.
3. Estira la masa en una superficie enharinada y corta en ella las figuras que desees. Colócalas sobre las charolas con 2 centímetros de separación entre cada una. Bate el último huevo y barniza con él todas las galletas y espolvoréalas con azúcar glass.
4. Hornea las galletas durante 30 minutos.

Puedes invitar a tus hijos a hacer figuritas con cortadores de galletas.
También puedes comprar botes para guardar las galletas y decorarlos tú misma o con tus hijos.

Delicia de chocolate

Mi hijo ama el chocolate desde que estaba en mi barriguita, ya que en ese entonces era capaz de comerme 1 litro de helado yo sola. Por eso esta receta es de chocolate, pero se puede preparar de otros sabores. Además de fácil, es económica.

Ingredientes para 6 porciones

¾ de taza de azúcar

1 taza de cocoa en polvo

1 cucharadita de extracto de vainilla

250 ml de leche

6 yemas de huevo batidas

250 ml de crema para batir, batida

1 cucharadita de alginato de sodio
o goma guar

soletas al gusto

Procedimiento

1. Coloca sobre el fuego un cazo con el azúcar, la cocoa, la leche y la vainilla. Mezcla bien y retira la mezcla del fuego antes de que hierva.
2. Añade la mezcla de cocoa a las yemas poco a poco mientras las bates enérgicamente. Coloca la preparación a baño maría y deja que se cueza hasta que se espese. Retírala del fuego y déjala enfriar.
3. Incorpora la crema batida y el alginato de sodio o la goma guar. Deja reposar la preparación en refrigeración durante 30 minutos y bate todo nuevamente. Introdúcela de nuevo en el refrigerador durante otros 30 minutos y repite una vez más el procedimiento para obtener una consistencia cremosa de helado.
4. Sírvelo con las soletas.

México

Mi segunda patria

Bella e imponente, la Catedral Metropolitana.

La comida en las calles me sorprende a cada paso.

La tierra hermosa que me recibió con el corazón y los brazos abiertos también posee una de las cocinas más ricas y abundantes del mundo, sorprendiendo a cada bocado, en cada rincón y en cada temporada. Durante todos los años que he podido conectarme con el público mexicano a través de las telenovelas que he protagonizado he podido recorrer el país y he conocido su lado más delicioso en cada mesa en la que he podido compartir la comida.

Desde que llegué a la Ciudad de México me di cuenta de que la comida es fundamental en la vida diaria de las personas; para iniciar el día, las calles comienzan con la orquesta de sonidos que abren el apetito a quienes madrugan: bicicletas en las que venden tamales —de salsa verde, de mole o dulces—, o las que llevan una canasta de paja en las que se acomodan tacos al vapor de papa, frijoles o chicharrón, y que se sirven con salsa verde picosita. Quedé maravillada de la cantidad de comida que se puede encontrar desde temprano y cómo las personas buscan sus "puestitos" callejeros predilectos.

Sin duda, el maíz es fundamental en la alimentación de México, por lo que encontrarás platillos con este grano; a partir de éste se elaboran tortillas, que son la base de preparaciones como las enchiladas —tortillas bañadas en salsas picantes verdes o rojas, servidas con queso fresco, cebolla y crema—, o los chilaquiles, que consisten en las tortillas cortadas y fritas en aceite, que luego se cubren con salsa verde o roja. En este libro incluyo una versión más amable con los paladares que no están acostumbrados al picante, y los baño con una salsa de frijoles que te encantará, un platillo que le encanta a mi Gabo.

La comida de medio día es uno de los momentos más importantes de la población mexicana y es aquí donde los hogares se llenan de aromas que definen los sabores de la comida mexicana: arroz rojo o blanco, sopa de fideos, frijoles de la olla aromatizados con una hierba llamada epazote, mole poblano con pollo, albóndigas en salsa roja con chile chipotle... cada hogar tendrá sus platillos predilectos, los cuales dependerán de la temporada

El chile habanero, ¡delicioso pero muy picante!

¡Las frutas mexicanas son dulces y deliciosas!

del año —con poca carne y más verduras en Cuaresma— o de la región del país de que se trate —así, en la Península de Yucatán es probable que encuentres una deliciosa cochinita pibil o un excelso queso relleno.

Cada celebración es el motivo perfecto para hacer gala de los platillos que las familias han guardado a través de generaciones y es la ocasión ideal para

lucirse con una gran comida. Insisto en la importancia de considerar que México es un país con regiones diversas; por ejemplo, para las fiestas patrias de septiembre es probable que en el centro del país preparen un delicioso pozole blanco o rojo —en este libro incluí mi versión de este delicioso y abundante platillo—, mientras que en las ciudades costeras los pescados y mariscos sean la base de la comida de estos festejos. Con esto en mente fue que tampoco podía dejar fuera de este libro mi versión de un ceviche de robalo, fresco y ligero, pero lleno de sabores que me recuerdan a cada instante lo delicioso que es México, así como un sencillo pero exquisito guacamole, la salsa mexicana más conocida dentro y fuera del país.

Dulces típicos para alegrar el corazón.

Antojitos mexicanos con el sabor de la tradición.

Y ya que estamos en las costas de México, cómo olvidar sus hermosas playas: Acapulco, Puerto Vallarta, Cancún, Los Cabos… con costas en los océanos Pacífico y Atlántico, México ofrece postales de ensueño con el mar como protagonista. Y es precisamente en una de sus playas más emble-

Acapulco, paraíso de belleza natural y gente cálida.

máticas, Acapulco, donde he podido divertirme y consentir a los comensales con una de mis recetas estrella: la paella. Gracias a que he sido invitada al Festival de las Paellas en varias ocasiones, he podido preparar mi famosa Paella a la Usurpadora, como un homenaje a la telenovela que me abrió las puertas a los hogares de las familias mexi-

canas, donde me recibieron y siguieron con mucho amor. Así, cada vez que puedo preparar esta paella, me emociono y recuerdo por qué México es un lugar especial para mí.

México es un país donde encontrar comida deliciosa es tarea sencilla: en un mercado, en la calle, en excelentes restaurantes… ¡sólo hay que darse la oportunidad! Y para quienes piensan que toda la comida mexicana es picante, les puedo decir que, aunque sí hay preparaciones donde el uso de chiles como el habanero o el chile de árbol convierten la labor de comer en una verdadera aventura, mucha de la comida se acompaña con salsas para que tú puedas ajustar el picor de acuerdo a tu gusto. ¡Lo mejor es acercarse a la comida mexicana sin miedo y abiertos a encontrar sabores maravillosos!

En las playas es infaltable un fresco ceviche de camarón.

Índice de recetas por sección

Índice de recetas

Índice de ingredientes